적당한 거리의 죽음

BOOK
JOURNALISM

적당한 거리의 죽음

발행일 ; 제1판 제1쇄 2017년 12월 11일 제1판 제6쇄 2022년 11월 25일
지은이 ; 기세호 발행인·편집인 ; 이연대
에디터 ; 김세리
디자인 ; 유덕규 지원 ; 유지혜 고문 ; 손현우
펴낸곳 ; ㈜스리체어스 _ 서울시 중구 한강대로 416 13층
전화 ; 02 396 6266 팩스 ; 070 8627 6266
이메일 ; hello@bookjournalism.com
홈페이지 ; www.bookjournalism.com
출판등록 ; 2014년 6월 25일 제300 2014 81호
ISBN ; 979 11 86984 26 0 03300

북저널리즘은 환경 피해를 줄이기 위해
폐지를 배합해 만든 재생 용지 그린라이트를 사용합니다.

BOOK
JOURNALISM

적당한 거리의 죽음

기세호

: 죽은 자가 누울 자리는 산 자들이 결정하지만,
산 자들의 삶의 방향은 죽은 자가 제시할 수 있다.
빛으로만 가득한 공간에선 빛의 존재와 소중함
을 알 수 없다. 다채로운 삶의 빛을 성찰하기 위해
선 다양한 깊이의 어둠이 필요하다. 지금 서울은
반성과 성찰의 공간을 거의 잃어버리고 삶의 화
려함만으로 채워져 있다. 묘지의 가치와 역할을
되돌아보며 삶과 죽음의 관계를 성찰해야 한다.

차례

죽음을 부정하다

유사 죽음의 시대

"죽음은 우리에게 등을 돌린 또 다른 삶이다(Death is the side of life which is turned away from us)."

죽음을 깊이 사유했던 독일 시인 릴케의 언급처럼, 죽음은 삶과 떼어 놓을 수 없다. 가장 꺼려지는 것임에도 불구하고 누구도 결코 피할 수 없다. 그렇기에 죽음은 인간 삶 최후에 발생하는 단발성의 사건으로만 그치지 않고 항상 삶 그 자체와 긴장을 유지한다. 흑사병이 창궐한 중세 유럽처럼 삶과 죽음이 매우 가까웠던 시기는 물론이요, 산업화 이전 대부분의 전통 사회에서도 삶은 언제나 죽음과 맞닿아 있었다. 익명의 타인에서부터 가까운 친지의 죽음, 그들이 잠들어 있는 공간에 관한 경험까지, 일상에서 마주치는 다양한 죽음의 기억은 자신의 죽음까지도 자각할 수 있도록 도왔다.

그러나 시간을 건너뛰어 21세기로 오면, 서울을 포함한 세계 여러 도시들은 죽음과 단절되어 있다. 의학 발달과 농업 혁명으로 어느 때보다 많은 인구가 긴 수명을 누리고 있지만 여전히 우리는 언젠가 죽고 마는 존재들mortals이다. 이상한 일이다. 산술적으로는 지금이야말로 가장 많은 죽음을 경험하고 가장 많은 사자死者들의 자리를 마련해야 할 상황이건만 도시 속에서 죽음을 관장하는 공간은 찾아보기 힘들다. 진짜 죽음과 대면할 수 있는 곳은 기껏해야 종합 병원 장례식장 정도다. 죽음의 흔적은 좀체 발견되지 않는다.

하지만 역설적이게도, 현실에는 수많은 형태의 유사 죽음이 존재한다. 죽음에 대해 사색한 인문학자 김열규 교수는 다음과 같이 말했다. "사람을 두고는 악착같이 기피되는 '죽음'이란 낱말이 사물이나 사람 목숨과 직접 관계없는 현상에 붙을 때는 오히려 심하게 남용되는 경향이 있다. 나무가 시드는 것을 '나무가 죽는다'고 하고, 소리가 낮아지는 것을 '소리가 죽는다'고 한다. 뿐만 아니라 사람의 기가 꺾이는 것도 거침없이 '기가 죽는다'고들 한다. (…중략…) 이것은 사람의 목숨과 관련된 죽음이란 낱말이 극단적으로 기피되고 있음을 보여 주는 역설적인 사례들이라고 할 수 있다."[1]

이러한 일상적인 언어 습관은 대중문화 속에도 그대로 스며들어 나타난다. 막장 드라마에서 시나리오 전개에 필요가 없어진 인물은 불치병이나 불의의 사고로 쉽게 처리된다. 반신반인半神半人적인 주인공은 꼭 한 번 죽었다가 부활해 전생의 업을 짊어지고서 영원히 사는 판타지를 반복한다. 아무리 칼에 찔리고 총상을 입어도 죽지 않는 좀비가 영화나 게임 속을 휘젓고 다니고, 하트의 개수나 빨간색 게이지로 표시되는 가상 현실 속 아바타는 생명이 소진되는 즉시 '리셋'된다. 예능 프로그램 출연진이 게임에서 탈락해도 죽었다고 표현하며, 소위 '맛집'을 소개하는 프로그램에서 음식의 맛을 표현할 때에도 '맛이 죽인다'고 한다. 물론 이러한 표현이나 현상 자체가 문제라는 것은 아니다. 죽음 소재가 드라마 전개에서 반드시 필요할 수도 있고, 우리말 어법상 실제 죽음이 아닌 기운의 쇠퇴를 뜻하는 '죽는다'는 표현이 자연스럽게 들릴 수도 있다. 가상 세계에서 벌어지는 일이므로 게임 캐릭터의 죽음도 실제와는 다른 가상의 죽음임이 당연하다.

하지만 문제는 이러한 가벼운 죽음, 쉽게 소비되는 가짜 죽음들이 범람하면서 가려지게 되는 진짜 죽음의 의미이다. 다양한 유사 죽음이 넘쳐나는 현상은 정작 이 시대를 살고 있는 현대인들이 실제 죽음을 몹시 기피하고 있다는 사실을 방증한다. 죽음의 본래적 의미에 대해서는 몹시 터부시하면서도 편리하게 소비 가능한 죽음들에 대해서는 철저하게 무감각하다. 자신의 죽음을 떠올리게 하는 연상 작용은 완벽하게 차단하면서 나와는 상관없는 안전한, 반복 가능한 가짜 죽음에는 흥미를 느낀다. 하지만 동시에 유사 죽음을 마주할 때마다 무의식 한편에 자리한 두려움을 떨치지는 못한다. 현대인들은 죽음이 두렵고 현실에서 일어나지 않기를 바라지만, 오히려 그 두려움을 반복함으로써 스스로의 안전을 확인하려는 듯하다.

이로 인해 삶에서 진짜 죽음의 의미를 고찰할 기회는 자꾸만 뒤로 연기된다. 현대인들은 덮어놓고 꺼리다가 어느 날 갑자기 찾아온 죽음을 앞에 두고서야 비로소 스스로의 인생을 돌아본다. 마치 스크루지 영감이 크리스마스 전날 밤 찾아온 유령을 만나고 나서야 자신의 삶을 돌아볼 기회를 갖는 것처럼.

도시 묘지의 행방불명

왜 우리는 죽음을 눈앞에 두지 않고서는 삶을 돌아보고 죽음을 성찰하지 못하는가. 사실 인생에 대한 반성은 큰 사건을 통해서만 촉발되는 것이 아니다. 일상 속에서 마주치는 소소한 것들, 흔하게 지나치던 것들로부터 문득 작은 계기를 얻는 경우가 더 많다. 특히 많은 사람이 밀집해 사는 도시, 다양한 삶의 형태를 담고 있는 도시에서는 반성의 기회가 더욱 자주 주어진다. 우리는 수많은 타인과의 마주침을 통해 자연스레 스스로를 돌아볼 수 있다. 죽음에 관한 성찰 역시 다르지 않다. 가까운 이의 죽음에서부터 생면부지인 타인의 죽음에 이르기까지 다양한 관계의 죽음을 겪으며, 우리는 자신의 죽음에 대해서도 생각해 볼 수 있다.

그러나 이상하게도 우리 도시에서는 죽음을 떠올리게 하는 것들을 찾아볼 수가 없다. 현재 서울과 같은 대도시에서 죽음을 상기시키는 어떠한 사건, 사물과 마주치는 것은 거의 불가능하다. 서울은 많은 사람이 부대끼며 연출하는 삶의 다채로운 모습을 담고 있지만, 그들이 한평생 삶의 연극을 끝내고 무대 뒤로 퇴장한 순간부터는 단 한 평의 땅도 허락하지 않는다. 죽은 자는 물론이고 죽음 그 자체를 떠올리게 하는 모든 것을 깨끗이 지워 버린다. 삶의 영광은 나날이 도시 위에 덧씌워지지만 거기에 그늘을 드리우는 죽음의 흔적들은 모두 어딘가로 치워져 버렸다. 서울이라는 삶의 무대에서 내려온 사람들은 모두 어디로 가버린 걸까.

드라마나 영화 속에서 익숙한 장면들이 있다. 큰 시련에 부딪힌 주인공이 복잡다단한 세속의 일을 뒤로하고 잠시 도시를 떠나는 장면이다. 그들은 잔디가 깔린 부모님의 무덤으로, 햇볕이 따사롭게 드는 교외의 봉안당으로 향한다. 그곳에서 자신의 삶을 후회하거나 지난날 있었던 잘못에 용서를 빌기도 하고 대답 없는 망자에게 결혼 소식을 알리기도 한다. 무덤은 그렇게 거창한 일이 있을 때 방문하는 의례적 장소로만 묘사된다. 실제 우리의 모습도 별로 다르지 않다. 한평생 도시 안에서 살을 맞대고 살던 가까운 사람도 죽는 순간부터는 멀리 유배를 보내듯 도시 바깥 봉안당 한편의 조그만 상자 속에 유폐된다. 그러고는 1년에 두어 번 삶이 힘들어질 때나 찾는 존재가 된다.

죽음을 삶으로부터 떼어 놓고 나니 가까이 존재하는 죽음의 공간은 도무지 견딜 수 없는 공간이 되었다. 현대 도시인들은 새롭게 들어서려는 묘지와 봉안당, 화장장에 혐오감을 표출하며 반대 집회를 연다. 혹시나 있을지도 모를 집값 하락을 우려하며, 그러나 표면적으로는 아이들의 학습권을 내세우면서 봉안당 설립을 극렬히 반대한다. 멀쩡히 있던 묘지 옆에 세워진 신축 아파트의 입주자들은 하루빨리 묘지를 이전하라고 시위한다. 묘지가 그 땅을 지켜 온 시간이 훨씬 긴데도 새로 들어온 사람들의 목소리가 더 크다. 이제는 그 누구도 도시 안에 죽음과 관련한 시설을 조성할 엄두조차 내지 못한다. 해당 시설의 관계자들은 혹여나 안 좋은 이야기가 퍼질까 우려하며 몇 안 되는 방문객을 곱지 않은 시선으로 감시한다.

왜 서울과 같은 현대 도시에서 죽음(의 공간)은 삶(의 공간)으로부터 멀어졌는가. 다시금 삶의 곁에 죽음을 위한 자리를 회복할 방법은 없는 것인가. 죽음, 특히 묘지가 각국의 도시에서 홀대받고 있는 것은 사실이지만 모든 대도시에서 같은 취급을 받는 것은 아니다. 모든 시대에서 지금처럼 산속 깊은 곳으로 유배되었던 것도 아니다. 근대화를 거치며 묘지는 커다란 변화를 맞았다. 그리고 변화에 대응하는 방식은 도시마다 달랐다. 그 대응 방식의 차이가 지금 도시 풍경에 그대로 나타나 있다. 프랑스 파리와 서울은 아마도 그 양극단에 위치한 도시일 것이다.

비록 중심부에서 밀려났을망정 파리는 도시 안에 묘지를 만들고 적극적으로 공원화했다. 현재 파리 안의 묘지는 시민들을 위한 휴식처 역할까지 겸한다. 이와 달리 서울에서는 죽음을 기억하는 공간과 그 공간을 둘러싼 풍경이 거의 사라진 상태다. 서울의 죽음은 도시 밖으로 밀려났다. 지금도 누군가는 같은 하늘 아래서 죽음을 맞고 있다. 그러나 서울은 마치 아무도 죽은 적이 없던 것처럼, 불멸의 공간인 것처럼 고요하기만 하다.

근대 이전까지 대부분의 문화권에서 죽은 자를 대하는 방식에는 하나의 공통점이 있었다. 죽은 자와 지속적인 관계를 맺을 수 있도록 묘지를 삶터의 근처에 두는 것이었다. 그 사회가 절대 신을 믿든, 토테미즘에 근거한 원시성을 보이든, 조상 숭배 신앙을 갖든 상관이 없었다. 이는 죽은 자를 완전히 잊겠다는 것도 아니며 죽음 자체를 부정하기 위함도 아니었다. 죽은 자는 산 자들의 삶에 계속해서 참여했고 산 자들의 곁에서 두 번째 삶을 살았다. 전통 사회 사람들에게 현세는 내세와 구분되지만 완전히 단절된 세상은 아니었다. 죽은 자는 여전히 후손들과 관계를 이어 나가고 영향을 주고받는다고 여겨졌다. 대체로 공동체나 도시 주변부에 형성되었던 이들의 공간은 항상 산 자들의 공간과 너무 멀지도, 너무 가깝지도 않은 거리를 유지하면서 나름의 장소성을 가졌다. 그리고 산 자들은 이 곁에서 농사를 짓거나 장사를 하다가 잠깐 들러 묵념하기도 하고, 관습에 따른 행사와 집회를 열기도 했다. 때때로 묘지는 아이들의 놀이터로, 산책과 소풍 장소로 활용되었다. 죽음은 두렵고 꺼림칙한 것만이 아닌, 결코 소홀히 할 수 없는 삶의 연장이었다. 삶(의 공간)과 죽음(의 공간)은 항상 적절한 거리를 두고 긴장을 유지했다.

그러나 근대 이후 많은 것이 바뀌었다. 자연 과학과 기술의 발달, 학문의 변화는 도시뿐만 아니라 죽은 자를 위한 공간마저 바꾸어 놓았다. 죽음을 대하는 사람들의 의식에도 커다란 영향을 끼쳤다. 먼저 증기 기관 및 기차의 등장은 도시 공간과 그 안에서의 삶에 유례없는 변화를 일으켰다. 급속히 팽창한 도시는 전통적 도시 공간이 갖고 있던 물리적 한계를 순식간에 넘어섰다. 지금의 도시인들은 지하철과 같은 교통 수단을 통해 한 장소에서 다른 장소로 쉽게 건너뛴다. 그 사이의 공간은 생략된 것처럼 느껴진다. 교통수단에 올라탄 이들은 도시를 파편적으로만 경험하게 되고, 생략된 공간은 기껏해야 파노라마적 풍경으로 인식된다. 균질해진 도시 속 공간은 언제나 편집 가능한 대상으로, 하나의 전체라기보다는 노드와 링크로 이루어진 거대한 네트워크로 여겨진다.

이러한 변화 속에서 묘지는 개혁이라는 이름의 통폐합을 거쳐 도시 바깥으로 밀려난다. 지하철이나 기차를 타고 쉽게 갈 수 있으니, 더 이상 비싸고 이용 가치가 높은 도시의 땅을 점유하고 있을 필요가 없다. 이와 함께 등장한 근대적 위생 관념까지 묘지 추방에 한몫을 거들었다. 해부학과 세균학의 등장은 묘지와 그 속에 묻힌 시신, 시신이 부패하면서 발생하는 오수污水, 악취 등을 이전과 비교할 수 없을 정도로 불쾌하고 위험한 것으로 보이게 만들었다. 기술과 학문의 발달은 삶에 윤택함을 불러왔지만 몇몇 사물과 현상들에서 그동안 느껴 보지 못한 '불쾌감'과 '불편함'이라는 감정을 심어 주었다. 이제 사람들은 불쾌감과 불편함이 조금이라도 느껴지는 것이라면 눈앞에 보여선 안 될 것으로 취급한다. 시신과 묘지는, 나아가 죽음은 삶 가까이에 두어서는 안 되는 것이 되었다.

얼핏 보면 과거에도 죽음을 위한 공간은 주로 도시 주변부에 위치했으니 지금과 별반 다르지 않아 보인다. 예전이나 지금이나 죽은 자는 산 자들과 다른 장소를 부여받고, 도시 안팎에 걸쳐 있긴 하나 대체로 도시 가장자리에 존재하기 때문이다. 하지만 지금의 묘지-도시 간 관계는 과거와는 전적으로 다른 양태를 보인다. 현대인들은 더 이상 일상에서 죽은 자의 존재를 느끼지 못한다. 중요한 것은 이처럼 삶 속에서 실제로 체감하게 되는 죽음(의 공간)이다.

현대 도시에는 수천 년간 존재해 온 삶(의 공간)과 죽음(의 공간)의 상호 관계가 더 이상 없다. 과거에는 도시 안팎이 긴밀히 상호 작용했고 삶의 범위 역시 도시 전체를 아우를 뿐만 아니라 주변부의 여러 장소들까지 포괄했지만, 근대 이후 나타난 거대 도시는 애당초 그러한 경험을 불가능하게 했다.

도시 내부와 외부는 유기적으로 연결되지 않으며 현대인들이 실제로 체감하는 도시의 경계도 성벽이나 행정 구역선으로 규정되지 않는다. 도시의 안과 밖이 철저히 나뉜 것처럼, 우리는 삶과 죽음을 완전히 별개의 것으로 생각한다. 서울에서 오래 살았다 한들 서울 전체를 자신의 집으로, 생활 영역으로 여기지 않는 것과 마찬가지다.

거대 도시 속, 사람들은 설사 죽음을 담는 공간이 도시의 경계부에 위치하더라도 그 존재를 전혀 인지하지 못한다. 도시의 경계가 더 이상 도시에서의 삶의 경계가 되지 못한다. 주변부는 그저 스쳐 지나가는 의미 없는 공간에 불과하다. 묘지나 봉안당 같은 장소들도 교통수단으로 연결된 하나의 노드로 전락하여 도시 바깥에 외따로 떨어져 있다. 현대는 삶의 외연과 도시의 외연이 겹치지 않는다. 묘지는 일상의 경계가 되지 못하고, 1년에 한두 차례 방문하는 목적 지향적 공간이 되어 버렸다.

구스타프 클림트의 〈죽음과 삶〉

불가분적 관계에 대하여

근대화 과정은 도시인의 삶과 죽음 문제에 두 가지 변화를 가져왔다. 우선 도시인들이 삶의 의미를 뿌리내릴 수 있는 바탕 자체가 축소되었다. 구스타프 클림트Gustav Klimt의 유명한 그림 〈죽음과 삶Death and Life〉이 보여 주는 것처럼 그 둘은 애초부터 불가분리의 관계다. 클림트가 8년에 걸쳐 완성했다는 이 대작은 그 스스로 죽음에 가까워졌을 때 작업한 것이다. 삶과 죽음의 긴밀한 관계에 대한 통찰을 한껏 화려하면서도 장엄한 분위기로 표현했다. 그림 속에 뒤엉킨 사람들은 한 인간의 어린 시절부터 노년까지를 표현한 것일 수도 있고, 다양한 삶의 모습을 나타낸 것일 수도 있다. 주목할 것은 그중 하나의 단계로, 혹은 모습으로 '죽음'이 들어가 있지는 않다는 점이다. 아기를 안고 있는 여인, 꿈꾸는 표정의 소녀, 부둥켜안은 연인과 그 가운데 기도하는 사람까지. 인생의 여러 모습이 다채로운 색들로 표현되어 있지만 그 속에 죽음을 위한 자리는 없다. 죽음을 나타내는 해골 형상은 삶의 모습 전체와 거의 대등하게 그림의 왼편을 차지하고서 오른편에 한 덩어리로 뭉쳐진 사람들을 보고 있다. 그러나 오른편의 인물들은 죽음이 자신을 주시하는지도 모른 채 오히려 편안한 표정을 짓고 있다. 그림 바깥에서 이들을 함께 보는 우리는 강한 불안감, 긴장감을 느낀다.

우리가 잃어버린 것이 바로 이 전체를 조망하는 시점이다. 죽음은 삶의 끝에 위치한 단순한 사건 하나가 아니라 삶전체를 비추는 일종의 지평이다. 죽음이 삶의 연장이고 이면이라면, 삶과 죽음은 상호 간 의미를 규정하는 배경이며, 일상 속에서 죽음을 마주하는 방식에 따라 한 사람의 인생은 전혀 다른 모습을 띠게 된다. 그림 속에 엉켜 있는 단 한 사람이라도 왼편의 죽음을 응시했다면 그림의 분위기는 완전히 달라졌을 것이다. 죽음을 꺼리고 시신 역시 어딘가에 기능적으로 처리해 버리면 그만인 일종의 폐기물처럼 다루어지는 상황에서 삶의 의미는 예전과 같은 방식으로 드러나지 않는다. 삶과 죽음은 서로에게 바탕이 되지 못한다. 삶은 삶대로, 죽음은 죽음대로 일시적인 이벤트로 소진된다. 죽음을 잃은 현재 우리의 도시는 결국 반쪽짜리인 셈이다. 우리는, 우리의 도시는 밝고 화려하고 보기에 좋고 수익을 창출하며 즐거운 것만을 가까이에 두고 그 반대의 것들을 철저히 외면한다. 죽음을 삶에서 떼어 낼 수 있다고 여기며 회피할 수 있는 것인 양행세한다.[2] 1년에 단 하루 이틀 죽은 자를 위한 시간을 할당해 놓고 나머지 360여 일을 철저히 삶에 매몰되어 살아간다.

도시에서 쫓겨난 묘지는 더 이상 일상생활의 바탕이 되지 못하고, 죽음은 삶의 결정들에서 제 역할을 하지 못한다. 하지만 그림을 볼 때도, 책을 읽을 때도 핵심이 되는 사물이나 인물의 배경을 함께 살펴봐야 하는 것처럼 삶의 의미는 삶 그 자체만으로 온전할 수 없다. 클림트의 그림에서 오른편을 보면 평온함과 기쁨밖에 보지 못하지만, 전체를 함께 보면 삶의 희로애락을 느낄 수 있는 것처럼 말이다.

죽음이 삶과 엉켜 있고, 묘지가 도시를 감싸고 있던 과거의 사람들은 다양한 거리distance에서, 그리고 거리street에서 죽음을 대면했다. 전혀 알지 못하는 타인의 죽음, 그냥 안면만 있는 이의 죽음, 자주 인사를 나누던 마을 사람의 죽음, 친했던 이웃의 죽음, 가까운 친지의 죽음, 가족의 죽음……. 인간관계가 연장된 죽음의 스펙트럼은 마을 인근의 묘지에 표시되었다. 친지와 가족묘를 넘어 묘지는 나와 직접적으로 관계없는 타인까지 모두를 위한 공간이었다. 사람들은 한 발짝 떨어져 관조적 시선으로 익명의 죽음을 바라보며 삶을 성찰할 기회를 얻었다. 묘지는 가까이에서 죽음이 발생했을 때 그 강렬한 경험을 담아낼 그릇이자, 삶을 되돌아보고 죽음을 준비할 자양분이었다. 타인의 죽음에 대한 얕지만 넓은 시각으로부터 강하고 좁은 자신의 생사관에 이르기까지, 그 흐름이 자연스럽게, 상호 보완적으로 형성되었다.

현재 우리가 죽음을 바라보는 태도는 정확히 양극단으로 나뉜다. 안타깝지만 혹여 내 삶에 좋지 않은 영향을 끼칠까 꺼림칙한 타인의 죽음과, 아무런 준비 없이 맞닥뜨릴까 겁이 나는 내 가까이의 (혹은 나의) 죽음이다. 내 삶의 영역 안에 들어온 사람과 그렇지 않은 사람을 구분하는 기준은 더욱 엄격해졌다. 가족의 묘지는 무엇보다 소중하지만 모르는 사람의 묘지는 불길하고 무섭다. 현대 도시인은 죽음의 다양한 층위를 가늠하지 못하고 그 사이에 존재하는 무수한 그러데이션을 포착하지 못한다. 그리고 묘지는 도시 곁에서 삶을 지켜보지 못하며, 도시를 되비추던 거울의 역할을 박탈당했다.

삶이 빛에 비유된다면 죽음은 어둠, 혹은 그림자로 비유된다. 그러나 빛의 스펙트럼이 다양하듯 어둠의 농담濃淡 역시 다양하다. 마치 클림트의 그림 속 죽음(의 신)이 입고 있는 칙칙하고 어두운 옷에도 오른편의 사람들 못지않은 다양한 무늬가 새겨져 있는 것과 같다. 우리가 다양한 사람을 만나 여러 인생을 마주하며 삶의 지표를 설정하듯, 죽음에 대한 직간접적 경험이 수반되어야 자신의 죽음에 대한 통찰력을 가질 수 있다. 그렇지 않으면 죽음은 전부全部, 아니면 전무全無로서만 받아들여질 것이다. 죽음을 받아들일 깊이감 혹은 두께를 형성할 기회를 갖지 못한 우리는 어느 날, 가까운 이의 부고에 충격을 받고 망연자실할 것이다.

죽은 자가 누울 자리는 산 자들이 결정하지만, 산 자들의 삶의 방향은 죽은 자가 제시할 수 있다. 빛으로만 가득한 공간에선 오히려 빛의 존재를, 그 소중함을 알 수 없다. 다채로운 삶의 빛을 성찰하기 위해서 우리는 어둠이, 그것도 다양한 깊이의 어둠이 필요하다.

지금도 서울은 반성과 성찰의 공간을 거의 잃어버리고 삶의 화려함만으로 채워져 있다. 이를 위한 장소가 반드시 묘지일 필요는 없다. 그러나 극단적으로 묘지를 배제하고 들어서는 도시 속 공간들 중 이를 대체할 만한 것이 드문 것도 현실이다. 우리는 묘지가 갖는 가치와 그 역할을 되돌아봐야 한다. 이를 통해 자신의 죽음에 대한 성찰, 근대화 이후 그 기회를 거의 가져 보지 못한 삶과 죽음의 관계에 대한 반성을 다시금 시작해야 한다.

두 번째 집

모든 장례는 결국 죽은 자를 떠나보내는 의식이다. 묘지는 그
들의 처소로서 산 자들이 마련한 장소다. 정확한 공간으로 묘
지를 특정할 수 없는 경우라도 사람들은 바다나 우주, 들판
등 공간적 배경 전체가 죽은 이의 잠든 곳이 될 수 있다는 생
각을 공유한다. 주목할 점은 바로 이것이다. 묘지는 그들에게
새로운 자리를 부여한다. 떠나보내기만 하는 것이 아니라 적
당히 떨어진 거리에 새로운 거처, 두 번째 집을 지어 준다. 묘
지는 단지 시신을 처리하기 위해서만 존재하는 것도 아니고
기억에서 덮어 두기 위해 마련한 망자의 집도 아니다. 죽은
이를 천천히 잊어 가기 위해, 급작스러운 망각도 아니고 영원
한 기억도 아닌 점진적인 이별을 위해 세심히 고안된 장소다.

　인류 문명과 수만 년을 함께한 묘지의 역사는 무엇을 말
하는가. 장례·장묘 방법은 고대와 중세와 현재가 각기 다르
고, 서양과 동양이 다르고, 기독교와 유교가 다르고, 추운 지
방과 따뜻한 지방이 다르다. 죽은 자에게 엄청난 관심을 쏟아
붓는 문화가 있는가 하면 최소한의 의례만을 갖춘 문화도 있
다. 우리는 시신을 땅에 묻는 매장埋葬이나 근래 들어 많이 보
급된 화장火葬에 익숙하다. 하지만 이는 수많은 장례 방법 가
운데 일부에 불과하다. 조장鳥葬, 천장天葬, 야장野葬, 풍장風
葬, 수장水葬 등 세계 각국의 전통적인 풍습들은 물론이고, 최

근에는 과학 기술을 활용한 우주장宇宙葬과 냉동장冷凍葬까지 나타났다. 하지만 다양성에서 조금 떨어져서 보면 죽음을 대하는 하나의 공통된 인식을 발견할 수 있다. 죽은 자를 가까이 두고 관계를 지속해 나가겠다는 의지이다.

이러한 묘지의 의미는 매장에서 가장 분명하게 드러난다. 인류학자들은 매장 행위를 "시신을 그 땅에서 떼어 낼 수 없는 고정된 부분으로 만듦으로써 물리적으로 망자를 땅에다 심는 것"[3]이라고 말한다. 땅에 심어진 망자는 그곳을 자신의 영역으로 삼고 산 자들과 계속해 관계를 맺는다. 묘지는 단순한 구덩이에서 벗어나 죽은 자의 집이라는 관념이 생긴다. 그렇게 특유의 장소성을 갖게 된다. 특히 서양에서는 4세기 말 경에 기독교 박해가 끝남에 따라 교회 묘지가 일반화된다. 교회 자체가 원래부터 성인이나 순교자들의 무덤이기도 했던 만큼, 사람들은 그 곁에 묻히고 싶어 했다. 이는 19세기 공원식 묘지와 같은 새로운 형식이 등장하기 전까지 유지되었다. 묘지는 망자의 안식처인 동시에 만남의 장소이기도 했다. 산 자들은 이곳에서 떠나간 자를 애도하고 회고했다. 그리고 죽음을 대면했다.

묘지와 종교 시설의 유사성은 우연이 아니다. 실체로 존재하지 않는 대상을 위한 공간이자 그 대상을 만나기 위한 공간이란 점에서 공통점이 발견되기 때문이다. 웅장하고 성스러운 교회와 엄숙한 묘지, 두 공간 모두 방문객을 맞이하기 위해 존재한다는 점에서도 비슷하다. 현대에 두 시설의 위상은 현격하게 차이가 나지만 근대화 이전까지는 둘의 기능이 자주 겹쳤다.[4] 설사 구분을 하더라도 묘지 배치는 종교 시설 못지않게 사회적으로 중요하게 다뤄졌다. 우리나라의 경우도 오랫동안 고인돌과 같은 권력자의 무덤부터 봉분이 없는 일반 평민의 평토장에 이르기까지 다양한 형태의 무덤이 만들어지고 사라졌다. 그러다가 고려 시대에 들어 중국으로부터 전래된 도참설의 영향으로 조상의 묘를 잘 모셔야 한다는 풍수 사상이 전파되었다. 이 사상이 조선 시대의 유교 사상과 결합했다. 양반들은 좋은 땅에 선산을 마련하기 위해 많은 돈과 노력을 투자했다. 그럴 여유가 없던 백성들은 마을 근처 공동묘지를 이용해 조상을 숭배하고 경외하는 관습을 형성해 나갔다. 이처럼 죽은 자의 거처를 어디에 마련해야 하는지는 어느 시대, 어느 문화권에서나 몹시 중요한 문제였다.

고고학자 마이크 파커 피어슨Mike Parker Pearson은 이에 대해 다음과 같이 표현한다. "망자들은 어디에나 있으니 우리 기억 속에 살면서 우리 세계를 형성하고 있다. 우리는 망자들의 이야기를 읽거나 말하고, 그들의 집에 살며, 그들이 만들어내고 썼던 장소에서 일하고 논다. 우리가 망자의 유해를 어디에다 놓는지는 대개 그들을 기억하는 동시에 잊으려는 의도를 갖고 요모조모 따져 정한 결과이다. 우리는 그로써 죽음과 망자에 대한 태도, 나아가 장소와 정체성에 대한 우리의 태도를 확인하고 구축한다."[5]

망자의 도시, 네크로폴리스

묘지는 편의에 따라 아무 곳에나 만들어지지 않았다. 문화와 시대에 따라 정도의 차이는 있지만 대부분 산 자들로부터 너무 멀지도, 너무 가깝지도 않은 곳에 만들어졌다. 특히 사람들이 밀집해 사는 도시(폴리스)에서는 묘지가 그 주변을 둘러싸면서 형성되었다. 그렇게 죽은 자들의 도시인 네크로폴리스가 생겼다. 인류학자들은 이 공간을 이승과 저승 사이의 영역이라 하여 일종의 중간 지대, 경계 지대로 간주한다.

고대 네크로폴리스는 문화와 자연, 이승과 저승, 성스러운 장소와 세속의 장소를 가르는 기준이었다. 도시의 경계인 동시에 곧 삶 자체의 경계이기도 했다. 당시의 도시 규모는 현대 메트로폴리스와 비교했을 때 훨씬 작은 하나의 폴리스에 불과했다. 도시민들은 성벽 등으로 규정되는 도시의 안팎을 넘나들며 농사를 짓거나 장사를 하면서 생활을 영위했다. 그 주변에는 항상 묘지가 존재했다. 도시 경계와 삶의 경계가 대체로 일치했던 전통 사회에서 묘지는 도시 풍경의 한 자리를 차지했다. 현재까지도 영국 글래스고를 비롯한 일부 지역에는 네크로폴리스란 이름의 지역들이 존재한다. 이름에 걸맞게 공동묘지는 빠질 수 없는 도시 속 풍경으로 남아 있다.

묘지는 대체로 도시의 경계부에 위치했지만 언제나 고정되어 있지만은 않았다. 도시가 점차 발달하고 인구가 증가함에 따라 묘지의 규모도 함께 커졌고, 도시 안쪽으로 편입되기도 했다. 그러자 기존 묘지가 다시 개발되고 새로운 묘지는 더욱 커진 도시 경계부에 세워졌다. 이러한 과정이 천천히 반복되었다. 모든 도시는 조금씩 묘지를 잠식해 가며 성장하고, 끊임없이 묘지와의 거리를 조율하며 발전했다. 이러한 점진적 과정에는 묘지를 대하는 두 가지 태도가 관련되어 있었다. 먼저 묘지를 관리의 대상으로 여기는 태도, 위생과 미관을 위해 도시로부터 멀리 두고자 하는 태도이다. 이러한 태도를 보이는 사람은 주로 도시의 관리자와 권력자들로, 그들은 도시에 전체적 질서를 부여하고자 했다. 그 반대편에 선 자들은 묘지를 도시 가까이, 혹은 그 안에 두고자 하는 사람들이었다. 대체로 일반 시민들이었고, 땅속에 묻힌 자들에 관한 기억과 관계성을 중시했다.

죽은 자를 멀리 두며 안전하고 편리하게 관리하려는 힘과 가까이에 두고 관계를 이어 나가려는 힘은 항상 대립했다. 권력자들은 도시에 즐비한 묘지를 그다지 좋은 시각으로 보지 않았지만 시민들은 그곳을 자신의 삶과 뗄 수 없는 공간으로 여겼다. 하지만 권력자 내면에서도 이러한 긴장감은 존재했다. 그들도 죽음으로부터 자유로울 수 없는 한 명 한 명의 인간이었기 때문이다. 외면적으로는 묘지 문제에 강한 입장을 유지하는 것처럼 보였지만, 사실 그들이 죽음과 묘지를 대하는 태도는 일반 사람과 별로 다를 바가 없었다. 그래서 시민들의 묘지라 하여 쉽게 없애고 이전시키지 못했다. 그들 역시도 자신들의 묘는 더 크고 화려했을망정 죽음에 대한 공통의 관념을 소유하고 있었다. 이처럼 묘지를 대하는 그들의 시각 속에는 인간으로서의 입장과 관리자로서의 입장이 혼재했다.

　　이 대립 구도의 바탕엔 묘지와의 거리距離에 대한 두 가지 인식이 존재한다. 철학자 모리스 메를로 퐁티Maurice Merleu-Ponty는 '가깝다' 혹은 '멀다'라는 단어에서 두 가지 차원의 의미를 끄집어낸다. 우리의 일상 용법에서도 그렇듯, 너비로서의 거리와 깊이로서의 거리는 다른 의미를 갖는다.[6] 너비는 단지 사물과 사물 사이의 객관적 간격만을 말하는 것으로 일종의 양적 개념이다. 깊이는 나와 대상의 관계에 따라 성립하는 거리로 일종의 질적 개념이다. 거리에는 이런 너비의 측면과 깊이의 측면이 함께 존재한다. 우리가 살아가는 공간은 수학 시간에 배운 것처럼 단순히 xyz축으로 이루어진 좌표 체계에 온전히 포섭되지 않는다. 메를로 퐁티는 공간은 텅 비어 있는 객관적 형식만이 아니고, 우리도 덩그러니 놓여 있는 사물이 아니라고 주장한다. 인간이 살아가는 현실 속의 '거리'에는 대상을 대하는 우리의 태도, 기억, 의미가 복합적으로 규정되어 있다는 것이다. 결국 '가깝다'는 것과 '멀다'는 것은 단지 치환 가능한 수치만이 아니라 결코 대체 불가능한, 나와 대상 간의 고유한 관계이기도 하다. 그래서 가깝거나 멀다는 것은 대상이 나에게 갖는 의미나 친밀도, 함께 보낸 시간 등에 의해 정반대로 규정될 수도 있다.

도시와 묘지 사이의 거리, 그 긴장감 역시 마찬가지다. 묘지를 대하는 권력자와 일반 시민의 차이는 결국 묘지를 관리의 대상으로 보고 충분한 이격 거리를 확보하고자 하는 태도와 묘지를 대화와 만남의 대상으로 보고 계속해서 관계를 유지하려는 태도 사이의 충돌이다. 중요한 점은 근대 이전 사회에서는 언제나 대립이 있을 때 후자에 무게가 실렸다는 점이다. 왕과 정치가, 지식인 등 지배 계층에게 도시 공동묘지는 기본적으로 관리의 대상이었지만 결코 무시할 수 없는 (시민들과 맺어진) 관계의 대상이기도 했다. 묘지를 개혁하려는 시도들은 대부분 강한 저항에 직면했다. 그리고 권력자들도 이를 존중해 주거나 적어도 위반 사항을 묵인해 주었다.

이제 전근대 시기의 파리와 서울을 배경으로 지금까지 이야기한 내용들을 살펴보도록 하자. 두 도시는 어떻게 죽은 자와의 거리를 조율했을까. 두 문화 속에서 묘지는 어떠한 방식으로 삶과 맞닿아 있었을까.

파리, 이노상, 향수

지금에야 파리는 예술가의 도시이자 낭만의 상징처럼 여겨지
지만, 근대화가 시작되기 전까지는 온갖 종류의 사람이 모여
갖가지 악취가 진동하는, 거대한 진창과도 같은 곳이었다. 그
리고 악취의 한 축을 담당하던 것이 수십여 개의 묘지에서 나
오는 시신의 부패 가스였다. 지독한 냄새라고 해봐야 하수구
냄새, 화장실 냄새 정도나 떠올릴 수 있는 현대인들이 당시의
생활상을 상상하기는 쉽지 않을 것이다. 그렇다면 생생한 묘
사의 힘으로 당시 파리를 그려 내고 있는 파트리크 쥐스킨트
Patrick Suskind의 소설 《향수》(1985)의 몇 대목을 빌려 보자. 마
침 주인공인 장 바티스트 그르누이의 출생지가 바로 파리 시
내 한복판의 공동묘지이다.

> 길에서는 똥 냄새가, 뒷마당에서는 지린내가, 계단에서는 나
> 무 썩는 냄새와 쥐똥 냄새가 코를 찔렀다. 부엌에서는 상한 양
> 배추와 양고기 냄새가 퍼져 나왔고, 환기가 안 된 거실에서는
> 곰팡내가 났다. 침실에는 땀에 전 시트와 눅눅해진 이불 냄새
> 와 함께 요강에서 코를 얼얼하게 할 정도의 오줌 냄새가 배어
> 있었다. 거리에는 굴뚝에서 퍼져 나온 유황 냄새와 무두질 작

업장의 부식용 양잿물 냄새, 그리고 도살장에서 흘러나온 피
냄새가 진동하고 있었다. 사람들한테서는 땀 냄새와 함께 빨
지 않은 옷에서 악취가 풍겨왔다. 게다가 충치로 인해 구취가
심했고 트림을 할 때는 위에서 썩은 양파즙 냄새가 올라왔다.
어느 정도 나이가 든 사람들한테서는 오래된 치즈와 상한 우
유, 그리고 상처 곪은 냄새가 났다. 강, 광장, 교회 등 어디라고
할 것 없이 악취에 싸여 있었다. 다리 밑은 물론이고 궁전이라
고 다를 바가 없었다. 농부와 성직자, 견습공과 장인의 부인이
냄새에 있어서는 매한가지였다. 귀족들도 전부 악취에 젖어 있
었다. 심지어 왕한테서도 맹수 냄새가 났고 왕비한테서는 늙은
염소 냄새를 맡을 수 있었다. 여름이나 겨울이나 차이가 없었
다. 18세기에는 아직 박테리아의 분해 활동에 제약을 가할 방
법을 알지 못했을 뿐만 아니라, 건설하고 파괴하는 인간의 활
동, 싹이 터서 썩기까지의 생명의 과정치고 냄새 없이 이루어
지는 것은 하나도 없었기 때문이다. 물론 악취가 가장 심한 곳
은 파리였다. 프랑스에서 가장 큰 도시였기 때문이다. 파리 안
에서도 특히 악취가 지옥의 냄새처럼 배어 있는 곳이 있었는
데, 바로 페르 거리와 페론느리 거리 사이에 위치한 이노상 묘
지였다. 800년 동안 시립 병원과 주변의 교구에서 죽은 시체
들이 이곳으로 옮겨졌기 때문이다. (…중략…) 바로 그곳, 프
랑스 왕국에서도 가장 악취가 심한 그곳에서 1738년 7월 17일

장 바티스트 그르누이가 태어났다. 그날은 그해의 가장 무더 웠던 날들 중 하루로 뜨거운 열기가 납덩이처럼 묘지를 내리 누르고 있었고, 썩은 참외와 불에 탄 쇠뿔이 섞인 듯한 부패 가스가 근처의 거리를 꽉 채우고 있었다.[7]

후각의 천재 장 바티스트 그르누이는 파리에서도 가장 악취가 지독한 곳에서 태어났다. 파리의 수많은 빈민이 죽어 서 약간의 흙만 덮인 채 묻히게 되는 곳이었다. 낮이건 밤이 건 온갖 종류의 사람이 다 모여들고 산 자와 죽은 자가 한 덩 어리로 뒤엉켜 시체 썩는 냄새와 생선 가게의 비린내가 진동 하는 가운데, 정작 본인은 아무런 냄새를 갖지 않은 채로 아주 건강하게 태어난다. 이곳이 바로 그 유명한 이노상 묘지Holy Innocents' Cemetery이다. 그의 어머니는 여러 번 그랬듯 진통이 찾 아와도 무덤덤하게 생선 손질을 계속하다가, 그르누이가 태 어나는 순간 들고 있던 생선 칼로 탯줄을 자르고 쓰러진다. 곧 정신을 차린 그녀는 파리 떼에 뒤덮인 채 죽어 가는 아이를 내버려 두고 다시 일을 하려다가 경찰에 발각되어 체포된다.

저자가 친절하게 설명하듯 당시 태어나자마자 죽거나 죽게끔 방치된 아이들은 생선 내장과 다를 바가 없었다. 저녁 무렵에는 쓰레받기에 담기고 수레에 실려 묘지에 묻히거나 강가에 버려졌다. 아마 그르누이도 큰 소리로 울어 대지 않았다면 같은 운명이었을 것이다. 그만큼 삶과 죽음이 가까웠고, 아이들의 경우는 특히 더 그랬다. 이야기 말미에 그르누이는 자신이 죽을 장소로 이노상 묘지를 택한다. 향수의 도시 그라스에서의 사건을 통해 삶의 의미를 잃어버린 그는 다시 이노상 묘지로 돌아와 자신이 만든 마법 같은 향수를 스스로에게 끼얹어 세상에서 사라진다. 한밤중의 이노상 묘지는 낮과는 또 다른 별천지였다.

> 공동묘지가 마치 폭격을 당한 전쟁터처럼 그의 앞에 놓여 있었다. 여기저기 구덩이가 파헤쳐져 있었고, 무덤들이 줄을 지어 있었으며, 두개골과 뼈들이 널려 있었다. (…중략…) 자정이 지나자 — 시체를 매장하는 사람들은 벌써 사라지고 없었다. — 도둑, 살인자, 무법자, 창녀, 탈영병, 젊은 불량배 등 온갖 종류의 천민들이 다 그곳으로 모여들었다. 그들은 음식도 끓이고 악취도 누그러뜨릴 생각으로 작은 모닥불을 피웠다.[8]

그런데 기묘한 탄생과 죽음의 배경이 되는 이노상 묘지라는 곳은 정말 묘지가 맞는가. 시체 썩는 냄새 위에 생선 썩는 냄새가 섞여 있었다고 하니, 묘지 위에 시장이 들어선 것 같긴 하다. 하지만 단지 그것만은 아니다. 당시 이노상 묘지는 수백만의 유골이 묻혀 있는 초고밀도의 묘지인 동시에 상상할 수 있는 모든 도시적 행위들이 벌어지던 삶의 터전 자체였다. 죽음의 밀도에 뒤지지 않는 삶의 밀도를 갖고 있었다. 바로 그 점에서 파트리크 쥐스킨트는 그르누이 탄생과 죽음의 상징적 배경으로 이곳을 택한 것으로 보인다. 죽음 가운데서 태어나고, 삶 가운데서 죽는 것은 그르누이만이 아니었다. 묘지가 곧 도시였다면 도시 역시 묘지와 크게 다르지 않았다. 다음은 이노상 묘지가 거의 폐쇄될 무렵 있었던 일이다.

> 프랑스 파리에서는 1186년부터 죄 없는 사람들의 묘지(이노상)에 시민들의 시신을 묻었다. 그런데 1780년 어느 날 그 바로 옆 공동 주택 지하에서 무언가 무너지는 듯한 굉음이 들렸다. 그 후 온 동네에 아주 끔찍한 악취가 진동했고, 많은 주민이 이런저런 병에 걸리기 시작했다. 일부 주민들의 상태는 매우 심각했다. 마침내 시 관리들이 나서서 원인을 조사했는데, 묘지에 시신이 너무 많이 매장되어 무게를 견디지 못한 묘지 지하실 벽이 무너져 내렸고, 그 바람에 부패된 시신 2000구 이상이 공동 주택 지하실로 밀려들어 왔던 것이다.[9]

로마 시대에 시내 매장 금지령으로 도시 외곽에만 묘지를 조성했던 기간을 제외하면, 파리에서 죽음의 공간은 거의 항상 삶의 공간 근처에 존재한 셈이다. 특히 이노상처럼 묘지는 결코 접근하기 어려운 장소가 아니었다. 사람들은 자유롭고 활발하게 무덤과 묘비 주위를 거닐었다. 중세 생활상에 대한 묘사로 이름이 높은 역사책《중세의 가을》(1919)에서 저자 요한 하위징아Johan Huizinga는 그 풍경을 묘사하고 있다.

> 15세기 파리 사람들에게 이곳(이노상)은 마치 1789년의 처절한 팔레 루아얄(Palais Royal) 같은 곳이었다. 매장과 발굴이 끊임없이 되풀이되었지만 이 묘지는 공공 산책로이며 만남의 장소였던 것이다. 봉안당 옆에는 상점들이 있었고 회랑에는 수상쩍은 여자들이 어슬렁거렸다. 교회당 곁에는 벽화를 둘러싸고 여자 은둔자 모습이 보이지 않을 때가 없었다. 가끔 탁발 수도회 설교자가 찾아와 설교를 할 때도 있었다. 이곳 자체가 중세식 설교의 장이라 해도 될 법한 풍경이었다. 성체 행렬에 나가는 아이들이 모이는 일도 있었다. 파리의 한 부르주아는 그 수가 1만 2500명이었다고 보고한다. 저마다 손에 초를 들고 죄 없는 아이를 받들어 묘지에서 노트르담 사원까지 갔다가 돌아오는 것이다. 축제도 여기에서 열렸다. 이렇게 묘지에서 전율을 느끼는 것이 예삿일이었다.[10]

묘지는 추모와 애도의 장소인 동시에 가족과 소풍을 가고, 장터가 열리고, 매춘부가 호객 행위를 하고, 종교 행사가 벌어지던 곳이었다. 모든 종류의 도시적 일상생활이 이루어졌다. 그리고 공동묘지는 여가 행위를 하는 장소이자 도시민들의 일상을 담은 진짜 공원이었다.[11] 지금도 공원식 묘지가 존재하지만 이는 '공원'보다는 조경을 잘해 놓은 '묘지'에 가깝다. 19세기 묘지 개혁 이후 생겨난 공원식 묘지가 바탕을 이루기 때문에 현대에서는 매우 제한적인 활동만 할 수 있다. 그러나 저 당시의 공동묘지는 대표적 공공장소의 역할까지 수행했다.

파리는 기원전부터 이미 시테섬을 중심으로 부락이 형성되었다. 《향수》의 배경인 18세기 중반에 이르면 약 50만 명가량의 인구 규모를 가진 도시로 발전한다. 교회 뒤뜰, 도시 이곳저곳뿐만 아니라 도시 성벽 바깥에도 기록조차 없는 수많은 묘지들이 즐비했다. 중세를 거치면서 프랑스의 수도로 입지를 굳혔고, 도시 둘레에 성벽을 쌓아 그 경계를 분명히 규정했다. 그리고 여기에 맞춰 묘지의 위치도 조금씩 달라졌다.

로마의 직접적 지배가 있기 전까지는 대체로 주거지 근처의 숲과 언덕에 묘지가 조성되었다. 조상이 농사를 짓는 후손을 굽어보며 보호한다는 믿음이 있었다고 한다. 묘지는 로마 지배 동안 도시 외곽으로 옮겨졌다가 5세기경 기독교 전파가 본격화되면서 다시 내부로 유입된다. 교회 주교들이 앞장서 교회 묘지와 그 관할의 묘지 사용을 적극 유도했다. 그럼에도 불구하고 묘지를 세울 면적이 부족해지자 이노상 묘지와 같은 공동묘지가 생겨났다. 이노상 묘지로도 감당이 안 되자 이미 부패해 유골만 남은 시신을 수습하고 벽장식 건축물을 만들어 봉안 시설로 이용했다. 그렇게 안치된 유골의 수가 200만 구가 넘었다. 도시가 커지면서 조금씩, 조금씩 밖으로 밀려나긴 했지만 오래된 묘지들은 여전히 도시에 남아 있었다. 도시 경계 즈음에는 새로운 묘지들이 생겨났다. 19세기 초 대대적인 정비 작업이 있기 전까지 약 250여 개의 묘지가 3400헥타르의 면적을 차지하고서 파리 이곳저곳에 분포했다.

도시와 묘지가 뒤섞였다고 표현해도 좋을 상황에서 파리 시민들은 죽음을 어떻게 받아들였을까. 거꾸로 죽음은 어떻게 받아들여졌기에 도시와 묘지가 저처럼 가까울 수 있었을까. 인류 역사에서 죽음은 언제나 주요한 화두였지만 서양의 경우에는 중세를 거치며 그 정도가 더욱 심해졌다. 거기에는 14세기에 창궐한 흑사병 사건이 크게 작용하고 있다.

유럽 사람들은 죽음을 두려워하면서도 죽음에 직면하는 것을 회피하지 않았다. 당시 유럽 인구의 3분의 1 이상이 흑사병으로 죽었다는데, 그들은 단순히 죽음을 외면한다고 해서 피할 수 있는 것으로 생각하지 않았을 것이다. 이때부터 유행한 것이 '죽음의 무도'라 불린 일련의 그림들이다. 왕과 왕비를 비롯해 농민, 직공, 상인, 성직자 등 다양한 계층의 사람이 해골 및 죽음의 신과 일렬로 늘어서 춤을 추고 있는 그림으로,

'죽음 앞에선 만인이 평등하다'는 뜻을 갖는다. 흑사병은 이처럼 죽음이 하나의 예술적 모티프로 확고히 자리 잡는 데 일조했다. 이노상 묘지의 봉안당 회랑에도 벽화 형식으로 크게 그려져 있었다고 전해지니, 당시 죽음을 대하는 유럽인들의 의연하고도 엄숙한 태도를 짐작할 수 있다. 지금도 유럽 곳곳의 교회와 수도원에 유사한 그림이 남아 있다.

이 시대에 죽음을 맞이하는 것은 현재와 꽤 다른 모습을 띠었다. 일본의 역사 저술가 기류 미사오桐生操는 저서《알고 보면 매혹적인 죽음의 역사》(2007)에서 중세 시대 유럽의 임종 장면에 대해 서술한다.

> (18세기까지) '임종'은 모두가 함께 치르는 의식이었다. 의사가 환자에게 곧 죽는다는 사실을 전하면 환자도 경건하게 죽음을 맞을 준비를 했다. 그때부터 그의 병실은 공공의 자리로 바뀌었다. 가족과 친구들이 침대 곁에서 죽음의 고통을 지켜보았다. 그 사이 사제는 환자에게 성체를 건네고 기름을 발라주었다. 환자는 그 자리에 모인 사람들에게 용서를 구하고, 자신이 저지른 잘못을 참회하고, 유족들의 가호를 빌며 기도했다. 주임 사제나 공증인은 환자 곁에서 유언을 받아 적었다. 죽음이 임박한 환자의 병실에는 누구나 출입할 수 있었다. 거리를 오가던 사람이 임종의 성찬을 운반하는 사제를 만나면

환자와 모르는 사이일지라도 사제를 따라 병실로 들어갔다. 임종 때는 사람이 많을수록 좋다고 생각한 것이다. 고독과 가난이 동일시되어 거리에서 굶어 죽는 거지처럼 고독하게 객사하는 것을 가장 두려워했다.[12]

죽음은 딱히 감출 일이 아니었다. 일면식이 없는 사람도 기꺼이 임종의 순간에 함께했다. 두렵고 피하고 싶은 것은 지금과 마찬가지지만 금기시되지는 않았다. 죽음에 대해 공공연하게 말할 수 있었고, 표현할 수 있었으며, 누구라도 자연스럽게 받아들였다. 죽는다는 것을, 죽음이야말로 종교보다 평등하다는 것을 문화 일반에서 다루고 있었다. 때로는 기이한 방식일지라도 죽음이 삶의 방향을 결정하는 데 영향을 끼쳤다. 사람들은 가난과 고독 속에 죽는 것을 두려워했기 때문에 공동체 속에서 죽기를 바랐다. 그만큼 죽음은 그 자체로 당대 사람들의 주요한 관심거리였다.

내 죽으니 그리 좋나!

한국은 문화적, 역사적 배경만큼 장례와 장묘 방식도 프랑스와 많이 다르다. 죽은 자를 대하는 태도부터 생사관까지 차이가 크다. 우리나라는 정서상 파리처럼 묘지와 마을이 그대로 겹쳐지지는 않았다. 오랜 기간에 걸쳐 도시가 커지며 묘지의 자리를 덮어 가고, 묘지와 주거지의 물리적 거리가 매우 가까워진 것은 사실이었지만 그대로 시장이 들어서거나 하지는 않았다. 한국 사회는 유교의 영향으로 죽은 자들을 두려움과 경외의 대상으로 바라보는 시각이 강했다. 묘지는 함부로 건드리거나 쉽게 침범해서는 안 되는 곳이었다. 마을과 묘지의 영역이 뚜렷하게 나뉘어 있었다.

그러나 이것이 묘지와 도시 간 무관함을 말하는 것은 아니었다. 묘지와 도시의 관계, 삶과 죽음이 맺는 전반적 관계를 살펴보면 과거의 서울은 과거의 파리와 무척 닮았다. 전통 사회 파리 시민들이 성직자를 모셨듯 우리 조상은 죽은 자를 숭배의 대상이라 여겼다.

> 한국 사회에서는, 죽은 자는 죽음이라는 사건으로 인해 산 자와 영원히 분리되지 않는다. '죽음 이후에도 지속적으로 산 자와 관계를 맺고 있다'는 점이야말로 한국인의 특별한 죽음관을 설명하는 한 가지 특징이다. 한국 사회에서 산 자와 죽은 자 사이의 관계를 가장 분명하게 보여 주는 사회문화적 현상으로는 조상 숭배를 근간으로 하는 '제사'와 '묘지 가꾸기'가 있다.[13]

제사와 성묘로 대표되는 의례 행사들은 죽은 자와 묘지를 끊임없이 삶의 터전으로 호출하는 역할을 했다. 본래 제사는 여러 형태로 행해졌지만 유교의 영향을 받은 이후부터는 더욱 체계화되고 관습화된다. 그리고 설날, 한식, 단오, 추석 등 명절에 조상의 묘를 찾아가 직접 제사를 지내는 묘제에 이르러 '산 자와 죽은 자의 가장 직접적인 대화'라는 형식이 자리를 잡는다. 유교식 제례를 정착시키기 위해 국가적으로도 많은 노력을 기울이면서 가묘 제도와 3년상 제도가 추진된다.

그 덕분에 묘지는 마을과 아주 가까이에서 매우 정성껏 관리되었다. 특히 부모를 비롯한 조상의 묘소는 살아생전 방문하던 것과 같이 아침저녁으로 찾아뵈며 문안 인사를 드리는 경우가 많았다. 선산에 묘지를 마련하고 문중에서 관리하던 양반들뿐만 아니라 마을 인근의 공동묘지를 사용하던 백성들까지 마찬가지였다. 경외하긴 하지만 결코 낯선 것이 아니며, 예의만 잘 갖춘다면 산 자들과 충분히 공존할 수 있는 곳이 바로 묘지였다. 사람들은 수시로 챙겨야 하는 행사가 아니더라도 자주 묘지를 찾았다. 추모와 사색을 하다가, 농사일을 하다가 새참과 함께 무덤가에서 휴식을 취했으며, 동네 아이들은 잔디가 깔려 있고 양지바른 곳에서 뛰어놀았다. 현재 서울과 같은 대도시에 살면서 무덤을 마주칠 일은 거의 없다. 하지만 기억 속에 남아 있는 전통적인 무덤의 이미지, 새파란 잔디에 덮여 봉긋하게 솟아올라 논과 밭을 바라보고 있는 봉분의 모습은 여전히 우리에게 친숙하다. 박형준은 시 〈무덤

사이에서)에서 그 모습을 밥그릇에 빗댄다.

논과 밭 사이에 있는 우리나라 무덤들은 매혹적이다.

죽음을 격리시키지 않고 삶을 껴안고 있기에,

둥글고 따스하게 노동에 지친 사람들의 영혼을 떠안고 있다.

그렇기에 우리나라 봉분들은 밥그릇을 닮았다.

조상들은 죽어서 산 사람들을 먹여 살릴 밥을 한 상 차려놓

은 것인가.

내가 찾아 헤매고 다니는 꽃과 같이 무덤이 있는 들녘,

산 자와 죽은 자가 연결되어 있는

밥공기와 같은 삶의 정신,

푸르고 푸른 무덤이 저 들판에 나 있다.

찬 서리가 내릴수록 그 속에서 잎사귀들이 더 푸르듯이,

내가 아직 인간의 언어를 몰랐을 때 나를 감싸던 신성함이

밭 가운데 숨 쉬고 있다.

어린아이들 부산을 떨며 물가와 같은 기슭에서 놀고

농부들이 밭에서 일하다가 새참을 먹으며

죽은 조상들과 후손의 이야기를 나누던 저 무덤,

그들과 같이 노래하고 탄식하던 그 자취를 따라

내 생이 제 스스로를 삼키는 이 심연 속으로 천천히 걸어 내

려간다.

바닥에 해골이 뒹구는 가운데서도 좌판을 벌이고 물건을 팔았던 파리의 묘지와는 확연히 다른 모습이다. 그러나 우리의 묘지도 삶과 긴밀히 연결되어 있었다는 점은 같았다. 시인의 표현처럼, 죽음을 삶과 격리시켜 놓지 않고 논과 밭 곁에서 밥상 한 상 차려 놓은 따스한 풍경이 바로 우리나라 묘지의 모습이었다.

조선 시대 경국대전에는 무덤 배치에 관한 항목으로 민가로부터 100보 이내의 지역에 묘를 쓰는 것을 금하는 조항과, 한성부의 관할 지역인 도성 안과 성저십리城底十里[14] 안에서는 장사를 지내지 못하게 하는 조항이 있었다고 한다. 바꿔 말하면 그 이외의 지역은 무덤이 즐비했다는 뜻이다. 게다가 성저십리 입장入葬 금지령은 도성 밖에서는 잘 지켜지지도 않았다고 한다. 재미있는 사실은 임금 역시 위반 사항을 알고 있음에도 대체로 묵인해 주었다는 것이다. 법적으로는 성저십리라는 일종의 행정 구역이 기준이지만 사실상 성벽이 기준이 되었다. 한성부에서 매장이 금지된 지역을 이르는 금산禁山 혹은 사산四山은 산줄기와 그 주변을 보호하기 위해 지정된 지역이었지만 이미 고려 시대부터 권세가들이 묘지로 쓰기 위해 사적으로 점유해 왔다. 이것이 조선 시대까지 이어지면서 양반들은 선산으로 쓰기 좋은 산지를 거의 다 차지해 버렸다. 특히 서울 주변에서 심했다.

묘지를 마련하지 못한 일반 백성들은 마을 단위에서 자연스레 형성된 공동묘지를 이용했다. 지금의 광희문 밖 신당동, 금호동 일대와 서소문 밖의 애오개에서 와우산 일대, 용산과 이태원, 미아리 등지였다고 전해진다. 당시 무덤의 구역에 관한 규정에 따르면 벼슬아치는 사방 100보에서 50보까지를 쓸 수 있었던 반면, 서민들은 사방 10보까지로 한정되어 있었다. 이 때문에 빽빽하게 만들어진 묘지는 자연히 공동묘지의 형태를 띠게 되었다. 나라에서는 이마저도 마련하지 못한 가난한 백성들을 위해 성 밖의 민전을 매입하여 장사를 지낼 수 있도록 도와주었다.

한국의 묘지를 연구한 다카무라 료헤이高村竜平 교수는 조선 시대의 묘지 현황을 다음과 같이 서술한다.

"적당한 묘지를 얻을 수 없는 경우, 빈민들은 그 지방에 있는 공동묘지 내에 비교적 좋은 위치라고 본 장소를 골라 시체를 매장한다. 공동묘지는 보통 북망산 내지 무주공산이라 부르고 다소 인가가 집합한 도시나 촌락 근처에 하나둘씩 있는 것 같다. (⋯중략⋯) 공동묘지는 묘지를 선정하기 어려운 결과 도저히 자기가 좋아하는 곳에 적당한 자리를 얻기 힘들기 때문에, 국유지의 일부를 골라서 매장하는 것으로부터 자연적으로 발달한 것이라고 볼 수 있다."[15]

이렇듯 일반 백성이 사용하던 묘지는 혈연이나 가문과 무관하게 만들어졌고 도시 인근에 쓸 수 있는 땅 대부분이 이러한 묘지들로 가득했다. 정확한 기록이 남아 있지 않을 뿐이지 백성들의 묘지 수가 양반들의 묘를 훨씬 능가했을 것이고, 도시와 마을의 풍경을 형성하는 핵심이었을 것이다. 그 가운데 1900년대 일본이 땅을 수탈하는 과정에서 조선 말의 묘지 상황 일부가 기록된다.

"1903년 남대문 정차장(현 서울역)을 건설하는 과정에서 한일 정부 간 분쟁이 발생한다. 그 예정 지역에 분묘 1600여 기가 있었던 것이 특히 문제가 되었다고 한다. 1904년 일본군이 한국주차군사령부 병영 건립 시 구한국정부에 용산 지역의 땅 300만 평을 요구하는 과정에서 내무부의 명령을 받은 한성판윤이 기사를 대동하고 일본군 군용 예정지에 들어갈 땅을 정밀 조사하여 그 결과를 보고했는데 (…중략…) 이 자료에서 유의하여 보아야 할 부분은 분묘 숫자 111만 7308총(기)이다. (…중략…) 이곳에 120만 기에 육박하는 분묘가 있었다는 사실을 그대로 받아들이기 어렵다. 그렇다고 하더라도 주지할 만한 사실은 용산 지역 ─ 일제 시대 때 일본군이 주둔하고 있었고 현재 주한미군이 자리를 잡고 있는 지역 ─ 이 공동묘지였음이 분명하고 상당히 많은 수의 분묘가 있었다는 점이다."[16]

도성 바깥을 둘러싸며 수십만 기가 있었을 것으로 추정되는 묘지들은 일제의 묘지 개혁 정책 속에서도 상당수가 살아남아 해방 당시까지 존재했다. 묘지는 도시를 에워쌌고, 마찬가지로 죽음은 삶을 에워싸고 있었다. 우리의 시끌벅적한 상갓집 풍경이 말해 주듯 죽음을 위한 자리는 곧 삶을 위한 자리이기도 했다. 서양의 경우 장례식은 엄숙해도 묘지의 풍경이 기상천외했다면, 우리의 묘지는 나름의 예법을 차리느라 경건함을 우선시하는 반면 장례식의 풍경은 죽음을 덮어 버리는 삶의 왁자지껄한 모습을 담아내고 있었다.

이러한 모습은 물질적, 공간적 조건이 완전히 달라진 지금에도 잘 유지되고 있다. 그런 측면에서 박철수 감독의 1996년도 영화 〈학생부군신위〉는 귀한 자료다. 배경은 1990년대 우리나라 경남 합천으로 위에서 언급한 근대 이전 서울의 모습과는 동떨어져 있다. 하지만 영화가 담아내는 장례의 모습과 절차들을 따라가다 보면 우리의 전통문화 속 삶과 죽음의 관계를 이보다 잘 보여 주는 작품은 없다는 생각이 든다. 영화는 수리하지 않은 자전거를 타고 다방에 나가다 사고로 사망한 박 노인을 둘러싸고 펼쳐진다. 3일간 이어지는 전통 장례의 절차를 하나씩 보여 주면서 다큐멘터리 형식을 취하지만, 그 위에 다양한 삶의 모습과 크고 작은 소동이 얹히면서 초점은 망자가 아니라 산 자들에게로 향한다. 극 중 직업이 영화감독인 박 노인의 큰아들은 아버지의 죽음을 맞이하는 순간까지도 필름에 담는 데 여념이 없다. 박 노인의 배다른 동생은 졸부가 되어 나타난다. 그동안 받았던 구박 속에서도 박 노인의 은혜는 잊지 않았노라며 유세를 떨기 바쁘다. 여동생은 오빠의 죽음을 애도하는 틈틈이 자신의 본업인 보험 판매에 열을 올린다. 박 노인의 외도로 생긴 꼬마는 사람들의 무관심 속에서도 상갓집의 이곳저곳을 찔러 대며 갖은 행패를 부리고, 박 노인이 즐겨 찾던 읍내 다방 아가씨들은 커피와 쌍화차를 올리고 인기 가요를 부른다. 느지막하게 미국에서 귀국한 막내아들은 기독교인이 되어 혼자서 성경을 읽고 있고, 과거에 트럭을 훔쳐 달아났던 머슴은 돈 가방을 들고 나타나 뒤늦은 사죄를 한다. 상갓집을 찾은 지역의 여야 국회의원들은 싸움박질을 하다가 호상(護喪·초상을 치르는 데 모든 일을 관장하여 보살피는 사람)에게 혼이 난다. 일을 도우러 온 마을 아낙들은 바쁜 와중에도 결코 텔레비전 연속극을 놓치지 않고, 장독을 배경으로 딸의 사진을 찍고 있는 큰며느리에게 우리도 사진 한 장 찍어 달라며 포즈를 취한다.

　'내 죽으니 그리 좋나!'라는 영화 포스터의 문구처럼 조용했던 마을은 박 노인의 죽음으로 오히려 활기를 띤다. 망자에겐 관심이 있는지 없는지 모두들 자신의 삶을 챙기느라 바쁘다. "상갓집에서는 떠들고 노는 기 괜찮은 기라!"라는 호상의 말처럼 서로서로 술과 음식을 권하는 와중에 잔칫집과 상 갓집의 경계는 점점 흐릿해지고, 삶과 죽음의 경계는 애매해진다. 죽음을 통해 삶은 삶다워지며, 삶을 통해 죽음은 제 역할을 완수한다.

그러나 이와 같은 삶과 죽음의 긴밀한 관계는 근대화로 인해 큰 변화를 맞이한다. 서양에서는 19세기, 우리는 20세기 동안 급격히 진행된 근대화로 도시와 묘지의 풍경에 변화가 불어닥치고, 더불어 삶과 죽음의 관계 역시 크게 뒤바뀐다.

묘지, 추방되다

공간은 살해당했다

전통 사회에서 근대 사회로 바뀌는 사이, 전례 없는 변화가 일어났다. 사람들이 공간을 인식하는 방식 또한 완전히 달라졌다. 묘지도 도시 공간의 한 축으로서 그 변화를 피해갈 수 없었다. 아니, 어쩌면 그보다도 변화의 흐름 한가운데 있었다고 표현하는 편이 옳을지 모르겠다. 도시 곳곳에 산재하던 묘지들이 대거 이전되거나 수백 년 된 묘지가 하루아침에 사라지기도 했기 때문이다. 그 변화의 방아쇠가 된 것은 엉뚱하게도 철도와 기차의 등장이었다. 철도와 기차는 이전까지 사람들이 알던 세계를 산산조각 낸 다음, 다시 직선으로 이어 붙였다. 독일의 시인 하인리히 하이네Heinrich Heine는 이를 공간의 살해라고 표현했다.

> "이제 우리의 직관 방식과 표상에 어떤 변화가 생길 것임에 틀림없다! 심지어 시간과 공간에 대한 기본적인 개념들도 흔들리게 되었다. 철도를 통해서 공간은 살해당했다. 내게는 모든 나라에 있는 산들과 숲들이 파리로 다가오고 있는 듯하다. 나는 이미 독일 보리수의 향내를 맡고 있다. 내 문 앞에 북해의 파도가 부서지고 있다."[17]

근대는 여러 가지 기준으로 정의될 수 있다. 기술의 발달과 산업 혁명, 종교 개혁에 잇따르는 수많은 분쟁일 수도 있고, 자본주의의 등장이나 프랑스 대혁명을 비롯한 구체제 Ancien Régime의 붕괴가 될 수도 있다. 혹자는 제국주의 팽창과 아메리카 식민지화 등이 그 분수령이라고 말한다. 근대화 과정에서 언급되는 세계사적 주요 사건들은 세계 대전이라는 비극과 매듭지어지기 전까지 서로 얽히고설키며 사람들의 생활과 사고방식을 완전히 뒤바꾸어 놓았다. 이 모든 격변을 관통하는 것이 바로 기차와 철도였다.

1814년 발명된 기차는 유럽 전역으로, 세계로 뻗어 나간 철도망을 따라 근대를 상징하는 교통수단이 된다. 바로 눈앞에서 굉음을 내며 직선으로 질주하는 쇳덩어리의 위력이 너무나 생생해, 기차는 이후 등장한 더 크고 빠른 교통수단들보다도 압도적인 상징성을 가졌다. 시대의 징후를 앞서서 포착한 시인들은 기차로 촉발된 새로운 공간의 경험, 거리감의 변화를 지적했다. 공간의 살해를 외치는 하이네에 이어 스테판 말라르메Stephane Mallarmé는 "극장에 속하는 무대처럼, 지방은 철도에 속하는 것이다. 파리의 역 입구에서 목적하는 지방으로 가는 길은 극장 입구에서 특별관람석에 이르는 길만큼 경향적으로 짧아지게 된다."고 말했다.[18]

실제로 우리는 도시의 이곳저곳은 물론 지방 어디든 단시간에 이동할 수 있다. 마치 영화표를 사서 극장에 들어가듯 기차표를 사서 원하는 곳을 갈 수 있다. 기차 여행을 하는 사람은 도착지에 다다라서야 땅을 밟고, 다시 공간을 점유한다. 장소에 대한 우리의 촉각적 경험은 기차에서 내린 그 땅에서야 비로소 이루어진다. 지방 도시들은 중심 도시에 꿰매어 붙여진 것처럼 생각된다. 빠른 속도로 가로지른 중간의 땅들은 마치 생략된 것만 같다. 철도의 등장은 화약과 인쇄술에 버금가는, '인류에게 커다란 변화를 가져오는 숙명적인 사건'이었다. 뒤이어 발생한 구체적 삶의 모습들은 철학자들의 사유에서 핵심 테마가 된다. 하이네의 외침으로부터 약 100년 후인 1950년 독일의 철학자 마르틴 하이데거Martin Heidegger는 〈사물〉이라는 글에서 거리의 문제, 구체적으로 간격의 상실distancelessness이 일으킨 삶의 변화상에 대해 본원적인 질문을 던진다.

"몇 주 또는 몇 개월이 걸려서야 갈 수 있었던 곳을 이제는 비행기를 타고 밤사이 도달할 수 있게 되었다. 몇 년이 지나서야 들을 수 있었던 사건, 아니 전혀 알 길이 없었던 사건들도 오늘날의 사람들은 라디오를 통해 실시간으로 듣고 순식간에 안다. (…중략…) 인간은 가장 짧은 시간 안에 가장 긴 거리를 주파한다. 인간은 가장 먼 거리들을 정복함으로써 모든 것을 자신 앞 최단 거리에 갖다 놓는다. 그러나 성급하게 모든 거리를 제거한다 해서 가까움이 생겨나는 것은 아니다. 가까움이란 거리를 축소한다고 생겨나는 것이 아니기 때문이다. 필름의 화상과 라디오의 음향을 통해 우리와 최소의 거리에 놓여 있는 것이 우리에게 사실 가장 먼 것일 수도 있다. 거리상 말할 수 없이 아주 멀리 떨어져 있는 것이 우리에게 가까운 것일 수 있다. 작은 간격이 곧 가까움은 아니다. 큰 간격이 곧 멂은 아니다."[19]

하이네가 기차에 놀라움을 표한 지 1세기 만에 하이데거는 어떠한 섬뜩함을 느낀다. 그는 작은 간격short distance이 그 자체로 가까움nearness이 아니고 큰 간격great distance이 그 자체로 멂remoteness이 아니라고 역설한다. 산업화 이전의 사람들에게 근거리의 세계는 개개인이 가까이 느끼는 생활의 세계였다. 그리고 원거리의 세계는 나와 별 상관없는 상상 속의 세계였다. 고대나 중세의 지도에서 미지의 땅은 상상 속 괴물이 살고 있는 곳으로 표현되었다. 그러나 산업화 이후에는 사물들 사이의 간격이, 전통적인 거리감이 사라졌다. 오늘날 절대적으로 멀리 있어 닿을 수 없는 곳이란 없다. 지도 귀퉁이에 항상 나타나던 괴물의 자리는 어느새 정확한 스케일과 좌표로 대체되었고, 마음만 먹으면 짧은 시간 안에 도착할 수 있는 현실이 되었다.

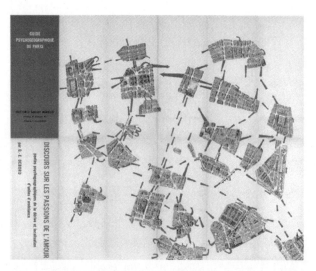

기 드보르의 〈파리의 심리지리 안내서(Guide psychogéographique de Paris)〉

상실된 거리감은 곧이어 공간에 대한 인식의 변화로 이어졌다. 이제 공간은 예전처럼 땅 위를 직접 걸으며 연속적으로, 촉각적으로 경험될 뿐만 아니라 기차와 같은 교통수단을 거쳐 띄엄띄엄 파편적으로 경험된다. 위도와 경도로 정확하게 지정할 수 있는 지구상의 모든 장소들은 그 각각의 고유성보다는 하나의 동일한 시스템상의 수치적 차이점들로 인식된다. 제 나름의 아우라를 잃고 말 그대로 균질하게 취급당한다. 균질해진 공간은 필요에 따라 편집 가능해진다. 여기 있던 것과 저기 있던 것을 갖다가 붙여 버릴 수 있는 것이다. 그렇게 편집 가능해진 도시는 곧 팽창한다. 크면 큰 대로, 작으면 작은 대로 나름의 개성을 갖고 내외부가 긴밀하게 조직되었던 과거의 도시들은 급속한 팽창을 거치며, 총체적 파악이 거의 불가능한 하나의 어마어마한 시스템이 되었다.

조각난 도시

달라진 도시적 삶의 양상은 여러 분야의 예술가가 주목하는 주제가 되었다. 여기서 살펴볼 것은 1957년 상황주의 예술가기 드보르Guy Debord가 작업한 맵핑 작품이다. 그는 정해진 목적 없이 자신의 눈길을 끄는 것들을 따라 파리 시내 여기저기를 거닐고 난 후, 그 방황의 흔적을 지도 위에 표시했다. 그리고 그 지도를 잘라 흐트러뜨린 후 빨간색 점선으로 다시 연결

했다. 자세한 설명 없이도 이 작품은 근대 이후 도시에서의 공간 경험을 직관적으로 보여 주는 듯하며, 여러 가지 생각의 단초들을 던진다. 그런데 한 가지 의문이 드는 것은 그가 사용한 지도라는 수단이다. 그는 왜 지도를 조각내어 흐트러뜨렸을까.

일반적으로 지도는 전지적 시점에서 땅을 내려다보며 측정했다고 생각된다. 그래서 무엇보다도 객관적인 수단으로 여겨진다. 그렇다면 나와 대상 간(움직이는 나와 단편적으로 찢어진 파리 시내)의 관계성을 다루는 것보다는 사물들 간의 너비나 양적인 측면을 다루는 편이 더 적합했을 것이다. 그러나 드보르의 지도는 개인의 경험에 따라 낱낱이 해체되었다가 다시 점선으로 연결된다. 그렇다고 이 작품이 방황하는 개인의 1인칭 시점만을 보여 주는 것도 아니다. 도시 속을 방황하는 개인의 경험을 표현하는 회화나 사진 작품은 많지만, 대부분 주체가 느끼는 순간의 시점만 담고 있다. 반면 드보르의 작품에서 우리는 부분과 전체를 함께 느낀다. 그의 작품에는 전지적 시점만도 아니고 1인칭 시점만도 아닌, 이 둘을 통합하는 시점이 있다. 우리는 그의 작품을 통해 도시 속을 헤매는 동시에 새처럼 조망할 수 있다. 마치 약도를 그릴 때 그 공간을 머릿속으로 더듬어 나가는 동시에 내려다보게 되는 것처럼 말이다. 이것은 우리가 몸을 통해 공간을 살아 내고 있기 때문일 것이다.

우리의 도시 경험은 시각 차원에 국한되지 않는다. 물론 시각이 공간을 파악하고 도시를 경험하는 데 가장 기본적이며 우선적인 감각인 것은 맞지만 공간이, 도시가, 나아가 세계가 시각만으로 경험되는 것은 아니다. 시각으로 경험한 내용들조차도 근본적으로는 공간을 살아가는 몸의 차원에서 통합된다. 메를로 퐁티는 공간성을 규정하는 근원적 조건으로 '공존'을 말한다. 각각의 감각은 각각의 공간성을 따로따로 가지고 있다는 것이다. 예를 들어 바람 소리에 섞인 새의 지저귐은 그 나름의 청각적 공간을 형성하며, 이는 바람에 흔들리는 나무와 그 위에 앉은 새를 보는 것과는 근본적으로 다른 공간에 대한 경험이다. 그러므로 모든 감각은 각각의 '장場'에 속한다.

각각의 장을 가진 감각들은 배타적으로 존재하지 않고 서로서로 관계를 맺는다. 그 감각에 속한 공간성 역시 한데 통일될 수 있다. 그 통일의 바탕에 몸(의 공간)이 있다. 드보르의 맵핑 작품 역시 시각을 포함한 몸 전체의 차원에서 이해해야 한다. 메를로 퐁티는 원주민이 세계를 인식하는 방식을 예로 들어 설명한다. 원주민들은 좌표 체계를 통해 자신들의 야영지가 어디인지를 기억해 내는 것이 아니라, 마치 자신들의 손이 어디에 있는가를 아는 것처럼 그 위치를 파악한다. 우리가 어지러운 놀이기구를 타면서 방향 감각을 잃어도 자신의 손이 어디 있는지를 단번에 아는 것과 같다. 몹시 놀라운 이야기이지만 한편으로는 당연하다. 손은 내 몸의 일부이기 때문이다. 몸의 연장으로 받아들인 대상과 장소는 이미 나에게 각인되어 있다. 마치 맹인이 지팡이를 자신의 눈(혹은 손)으로 여기듯, 우리는 거기에서 어떠한 공간감과 깊이감을 갖는다. 인간은 3차원 공간에 덩그러니 놓인 물체가 아닌, 세계 속에서 능동적으로 살아가는 존재, 메를로 퐁티의 표현을 빌리자면 '세계로의 존재'이다. 그리고 바로 거기, 몸과 세계 사이에서 지도가 생성mapping된다.

　　지도와 맵핑은 단지 객관적인 규준틀을 만들고 기록되는 것이 아니다. 지도는 내 몸이 세계와 관계 맺는 방식을 기록한 결과물이고, 맵핑이 바로 그 관계 맺기의 과정이다. 내비게이션의 도움으로 어느 곳이든 쉽게 도달할 수는 있어도 그곳을 내 삶의 터전으로 삼는 것은 전혀 다른 차원의 문제다. 어쩌면 내가 어느 장소에 거주하느냐 그렇지 않느냐를 그곳의 지도를 그릴 수 있는가 아닌가의 여부로 판단할 수도 있다. 실생활에서 흔히 쓰이는 약도도 어느 정도 그 장소를 체화(의미화)하지 못했다면 그릴 수 없는 것처럼 말이다. 드보르는 여기에 주목했다. 그는 작품을 통해 근대화된 도시 공간에서 겪는 거주 방식의 변화, 달라진 의미화의 방식을 표현했다. 우리가 드보르의 작품을 보면서 조각나 있는 세계를 인지할 뿐만 아니라, 스스로 도시 속에서 겪은 경험 자체를 떠올릴 수 있는 것도 이 덕분이다.

그의 작품을 해석하는 방식은 두 가지로 나뉜다. 첫 번째는 지도 위에 새겨진 화살표를 방황의 기록으로 읽는 방법이다. 그림의 화살표를 사람이라고 생각해 보자. 한 남자가 눈길을 잡아끄는 것들을 따라 걸음을 옮긴다. 남자의 몸은 도시 속을 이리저리 흘러간다. 방황하는 발걸음 속에서 정위定位는 더욱 어려워지고, 길을 잃는 것이 당연하다. 매 순간 눈길을 사로잡아 잠시 머물렀던 그 장소들은 하나의 동선에 속하긴 하지만 통일된 의미를 갖지는 못한다. 드보르는 그래서 단순히 움직임의 궤적을 표현하는 것에 그치지 않고, 지도를 조각조각 잘라 흩어 놓았다.

작품의 규모를 더욱 크게 본다면 이 조각난 지도들은 도시의 특정 지역을 걸으며 방황한 기록이 아니라, 도시 전체를 배경으로 한 거주의 장소로 생각할 수도 있다. 이 경우 지도의 파편들은 방황의 무목적성, 장소성의 상실보다는 여러 조각으로 찢어진 삶의 장소들일 수 있다. 어쩌면 하루 이틀 동안 지하철을 타고 일상을 따라 여기저기 이동한 기록물일지도 모른다.

앞서 인류학자들은 시신을 매장하는 것은 망자를 땅에 심는 것과 같다고 했다. 이는 죽은 자에게만 해당하지 않는다. 어떤 땅에 뿌리내린 사람들, 뿌리내린 도시는 나무의 나이테가 늘듯 천천히 자란다. 그러나 하이데거의 표현처럼 간격을 제거해 버린 각종 기술의 발달은 삶의 뿌리들을 여기저기로 옮겨 심어 놓았다. 그리고 그곳들을 철저히 필요에 따라 오갈 수 있도록 연결해 놓았다. 우리 삶의 흐름은 지하철이나 기차에서 내리고 나서야 비로소 매듭지어진다. 변화한 도시에서의 경험은 도시와 그 바깥 경계를 단순히 방치된 장소로 만들어 버린다. 아주 일부의 사람만이 경험하는 외딴 공간, 광역 교통 수단들 속에서 그냥 지나쳐지는 장소로 만들어 버린다. 드보로의 맵핑이 방황의 의미보다 하이데거가 말한 간격이 사라진 세계의 경험 양상을 표상한 것에 가까운 이유도 여기에 있다.

묘지가 쫓겨나 자리를 잡은 곳이 바로 이곳이다. 묘지는 더 이상 삶의 터전 곁에 머물지 못한다. 필요할 때에만 가끔 들르는 네트워크 위 하나의 결절점으로 전락한다. 파리와 서울뿐 아니라 근대화 시기 세계 여러 도시의 묘지 개혁은 기존의 묘지를 통폐합하여 외곽으로 밀어내는 작업이었다. 애초에 묘지가 위치하던 구 도시의 경계 지역들은, 근대 이후 팽창한 도시 덕에 오히려 도심 안으로 흘러들어 왔고 엄청난 개발 압력을 받았다. 도시로부터 멀리 추방당한 묘지는 일상생활에서 쉽게 만날 수 없는 특수한 장소가 되었다.

도시와 묘지의 적정 거리

18세기 후반 이전까지 간간이 행해졌던 묘지 개혁 시도는 시민들의 반발로 실패를 거듭한다. 그러다가 1776년 성공적인 첫 번째 묘지 개혁이 이루어진다. 국왕이 직접 나서 묘지 정비에 관해 선언한 것이다. 국왕은 종교계의 지지를 얻고자 대주교와 수도사, 각 기관의 창설자 등의 시신을 교회 및 해당 기관 안에 매장할 수 있도록 하는 예외를 두었다. 이 선언문의 두 가지 핵심은 건강 및 위생에 대한 도시적 고려와 묘지 공간의 적극적 미화였다. 그동안 계속 지적되어 온 위생 문제를 해결함과 동시에, 관리되지 않았던 기존 묘지와의 차별화를 위해 기념물, 비석, 조각물 등으로 장식된 아름다운 묘지 조성을 권장했다. 이 선언을 통해 도심의 많은 묘지가 교외로 이전되었는데 이노상 묘지도 이것을 계기로 사라졌다. 그때 묘지들에 묻혀 있던 유골들을 수습하여 옮긴 곳이 바로 현재에도 관광지로 유명한 카타콩브Catacombes이다.

　　대규모 지하 공간인 카타콩브는 설립 당시 파리시 경계 밖에 위치해 있었으나 지금은 시 안쪽에 편입되어 있다. 고대 로마의 지하 무덤을 본떠 만든 이곳엔 도심의 묘지를 정비하면서 나온 약 800만 구 이상의 유골이 보관되어 있다. 총면적은 720헥타르에 달한다고 한다. 이 개혁은 최초의 대규모 정비이기는 했지만 묘지들을 카타콩브에 몰아넣은 정도였을 뿐, 새로운 묘지 형식이 정립된 것은 아니었다. 또한 종교계를 비롯한 여러 기득권 세력과의 타협을 통한 온건적 개혁이었다고 볼 수 있다.

　본격적인 묘지 개혁은 1789년 프랑스 혁명 이후 시작
된다. 혁명 국회는 국왕의 선언으로도 개선되지 않았던 도심
의 여러 묘지들을 폐지하고, 각종 기관들이 별도로 보유하던
묘지들을 국가 소유로 이관한다. 이에 따라 파리 성곽 바깥
에 새로운 대규모 묘지 세 군데가 수립되는데, 바로 현재까지
도 남아 있는 페르 라셰즈Pere Lachaise(1804년), 몽 파르나스Mont
Parnasse(1824년), 그리고 몽 마르트르Mont Martre 묘지(1825년)다.
이 세 묘지는 최초의 공원식 묘지로 다른 묘지의 조성 방향에
도 큰 영향을 끼친다.[20]

　대혁명 이후 시작된 대대적인 묘지 개혁은 훨씬 철저히
진행되었다. 시설 내 묘지는 물론 각종 특권을 보유하고 있던
교회는 대부분의 권세를 잃었다. 교회 내 매장이 금지되고 묘
지 관리도 국가가 맡았다. 그 운영에 있어서도 위생과 미관이
본격적으로 고려되었다.

　빅토르 위고Victor Hugo의 소설《레 미제라블》(1862)의 한
장면은 이런 변화상을 실감 나게 담아낸다.《레 미제라블》은
1832년 프랑스 6월 봉기 당시 프랑스의 하층민이었던 장 발장
의 삶을 다룬 이야기이다. 우리가 살펴볼 에피소드는 2권 8장
의 '묘지는 주는 것을 취한다'라는 부분이다. 장 발장이 돌봐
주는 여러 인물 중 가장 인상적인 인물이 팡틴의 딸 코제트이

다. 장 발장은 억울한 일로 사회 최하층민으로 전락한 팡틴의 이야기를 듣고, 코제트를 맡아 달라는 그녀의 부탁을 받아들인다. 그러나 장 발장의 뒤를 추적하던 경찰 자베르에게 발각되면서 도망자 신세가 되고, 그 와중 숨어든 수녀원에서 정원사인 포슐르방 영감을 만난다. 포슐르방은 본래 장 발장과 대립했으나 장 발장이 위험을 무릅쓰고 마차 사고에서 자신을 구해 준 후, 그를 은인으로 여기게 된다. 포슐르방은 들키지 않고 두 사람을 밖으로 내보냈다가 정식으로 수녀원장에게 소개하면서, 두 사람이 그 안에서 지낼 수 있도록 계획을 꾸민다. 마침 그때 수녀 하나가 세상을 뜨자 그것을 기회로 삼기로 한다. 이 사건이 진행되는 중에 당시의 묘지 문제가 자세히 묘사된다. 소설의 시대적 배경은 3대 묘지가 생긴 지 얼마 안 된 시점이다.

수녀원장은 법을 어겨서라도 세상을 뜬 장로 수녀를 수녀원 내에 있는 지하 묘소에 묻어 주고자 한다. 흙을 채운 가짜 관을 수녀원에 배속된 보지라르Vaugirard 묘지로 보내는 데 포슐르방의 협조를 요청한다. 포슐르방은 수녀원장의 요청에 마지못해 협조하는 척하며 빈 관에 흙 대신 장 발장을 숨겨 빼내기로 한다. 협조의 대가로 장 발장을 자신의 아우로, 코제트를 자신의 질녀로 속여 받아 줄 것을 호소한다. 다음은 그 과정에서 있었던 수녀원장과 포슐르방의 대화이다.

"죽은 사람들에게 복종해야 하오. 예배당 제단 아래의 지하 묘소에 매장되어, 사바세계의 땅 속으로 들어가지 않고 죽어서도 생시에 기도하던 곳에 계시겠다는 것이 크뤼시픽시옹 장로의 마지막 소원이었소. 그분은 우리에게 그렇게 해달라고 하셨소. 다시 말해서 명령하신 거요."

"하지만 그건 금지돼 있는데요."

"인간들에 의해서는 금지돼 있지만, 주님에 의해서는 명령돼 있는 것이오."

"만약에 그게 탄로 나게 된다면?"

"우리는 당신을 신뢰하고 있소."

(…중략…)

"하지만 원장님, 만약에 위생관이……."

"성 베네딕트 2세는 분묘에 관한 일로 콘스탄티누스 포고나투스 황제에 저항한 일이 있었소."

"그렇지만 경찰이……."

"콘스탄티누스 황제 때 갈리아에 들어온 일곱 분의 독일 왕 중 한 분이었던 코노드메르는 종교에 의해, 다시 말해서 제단 아래에 매장되는 성직자들의 권리를 명백히 인정하셨소."

"하지만 경찰청 형사가……."

"속세는 십자가 앞에서는 아무것도 아니오. 샤르트뢰즈 수도회의 11대 회장은 다음과 같은 잠언을 자기 교단에 주셨소.

'십자가는 세상의 변전을 통하여 서 있느니라.'"

"아멘." 하고 포슐르방은 말했는데, 그는 라틴어를 들을 때마다 으레 그런 식으로 딱한 처지에서 벗어났다.

(…중략…)

"한쪽은 성 베네딕트요, 또 한쪽은 오물 처리 감독관이 아니오! 국가니, 오물 처리니, 장의사니, 규정이니, 행정이니 하는 따위를 우리가 알 게 뭐요? 우리가 어떤 취급을 받고 있는가를 사람들이 본다면 누구나 분개할 것이오. 그래, 우리의 먼지를 예수 그리스도에게 바치는 권리조차도 우리에게 없단 말이오! 그런 위생 따위는 혁명의 발명물이오. 그리고 천주가 경찰에 예속된 것인데, 지금 세상이 그 꼴이오. 아무 말 마오, 포방!"

포슐르방은 그러한 꾸짖음을 들으며 몹시 마음이 불안했다.

원장은 말을 계속했다.

"묘소에 대한 수도원의 권리는 누구에게도 의심의 여지가 없소. 그것을 부인하는 것은 광신자나 신앙에 헤매는 자들뿐이오. 우리는 지금 무서운 혼란의 시대에 살고 있소. (…중략…) 이제 사람들은 살아 있는 사람들에게도 죽은 사람들에게도 해야 할 일이 무엇인가를 더 이상 알지 못하고 있소. 성인답게 죽는 것도 금지됐소. 분묘는 비종교적인 일이 됐소. 이건 무서운 일이오."[21]

수녀원장은 수백 년 동안 교회가 당연하게 누려 온 권리를 잃어버린 데 분개한다. 세상을 떠난 수녀를 예배당 아래 지하 묘소에 묻어 주고자 한다. 소설 속에서 수녀원장은 과거 교회의 영광을, 그리고 죽음과 묘지에 관한 교회의 특권을 훨씬 장황하게 얘기한다. 그녀는 종교가 더 이상 과거와 같은 영광을 누리지 못하는 현실에 대해, 혁명이니 위생이니 경찰이니 하는 세속의 규칙으로부터 제재를 받아야 하는 상황에 대해 몹시 못마땅해하고 있다. 이제는 위생관과 경찰의 허락이 있어야 매장을 할 수 있고, 그것도 그들이 지정한 특정 장소에서만 가능하다. 이 대화를 통해 우리는 새롭게 제정된 매장과 묘지에 관한 딱딱하고 무자비한 행정적 규칙, 그리고 이를 바라보는 사람들의 저항 심리를 볼 수 있다. 위생을 혁명의 발명물로 여기며 종교가 세속의 규칙을 따라야 하는 세태에 강한 불만을 표출하는 수녀원장에 비해, 포슐르방은 그러한 계획이 탄로 날 것을 두려워하며 위생관과 경찰, 형사를 걱정한다. 물론 독자는 포슐르방의 걱정이 연기라는 것을 안다.

하지만 실제 당시 혁명과 개혁의 분위기, 위생과 도시 미관에 대한 변화의 정도는 상당한 것이었다. 카타콩브 설립 때만 해도 사회적 타협을 통해서 겨우 가능했던 일들이 이제는 당연한 규범으로 자리 잡았다. 그리고 작가 스스로도 수녀원장의 의견에 동조한다. "말이 났으니 말이지만, 수녀원의 제단 아래에 크뤼시픽시옹 장로를 매장한 것은 우리가 볼 때 지극히 경미한 죄에 불과하다. 그것은 하나의 의무 비슷한 잘못이다. 수녀들은 아무런 불안도 없었을 뿐만 아니라, 양심의 칭찬을 느끼면서 그 일을 수행했다. 수녀원에서 이른바 '정부'라는 것은 권위에의 간섭, 언제나 논의의 여지가 있는 간섭에 불과하다."[22]

위고는 묘지 자체에 대해서도 상세히 설명한다. 장 발장이 숨어 있는 가짜 관이 향하는 보지라르 묘지는 앞서 언급한, 세련된 3대 공원식 묘지와 달리 퇴색한 묘지로 묘사된다.

보지라르 묘지는 퇴색한 묘지라고 불릴 수 있는 것이었다. 그것은 쓰이지 않고 있었다. 도처에 이끼가 끼어 있고, 꽃이라고는 그림자도 없었다. 중류층 사람들은 보지라르에 묻힐 생각이 별로 없었다. 그곳은 가난의 냄새가 났다. 페르 라셰즈 묘지는 좋다! 페르 라셰즈 묘지에 묻히는 것은 마호가니 가구를 갖는 것과 같다. 거기서는 우아함이 느껴진다. 보지라르 묘지는 옛날 프랑스식 정원 모양으로 나무들이 심겨 있는 존경스러운 울안의 땅이었다. 곧은 통로들, 황양나무, 측백나무, 물푸레나무들, 해묵은 소방목들 아래의 고분, 매우 높이 자란 풀, 그곳의 저녁은 처량했다. 그곳의 윤곽은 매우 음산했다.[23]

보지라르 묘지는 한때 수녀원 소유였지만 국가의 관리 아래 수녀들마저도 정해진 절차에 따라 허가를 얻은 후에야 묻힐 수 있는, 가난의 냄새가 나는 묘지였다. 이제는 구시대의 유물로 사람들의 기억 속에서도 잊혀 가고 있다.[24] 그 반대편에는 새롭고 우아한, 마호가니 가구와 같아서 중류층 사람들에게 인기가 좋은 공원식 묘지, 페르 라셰즈 묘지가 떡하니 있었다. 페르 라셰즈 묘지가 처음부터 인기 있었던 것은 아니었다. 1804년 개장할 때만 해도 파리 시민들은 시내로부터 너무 멀리 떨어져 있다며 선호하지 않았다. 첫해에는 총 13기의 무덤만 있었다고도 전해진다. 그러나 유명 인사의 무덤을 포함한 기존 묘지들이 이전해 오기 시작하면서 점차 유명세를 탔다. 여러 번에 걸쳐 면적이 확장되며 《레 미제라블》의 배경이 될 즈음 파리의 대표적 묘지로 자리를 잡았다.

파리의 묘지 개혁은 여기서 멈추지 않았다. 도시는 계속해서 팽창했고 인구도 늘어났다. 묘지 수요는 꾸준히 증가했다. 산업 혁명 이후 팽창한 도시 규모는 과거와 비교할 수 없을 정도로 거대했다. 18세기까지 대략 50만 명 수준이던 파리 인구는 19세기에 들어 300만 명에 육박했고, 그 면적도 두 배 이상으로 커졌다. 도시의 경계는 자연히 밖으로 확장됐다. 성곽 밖에 만들어졌던 3대 묘지가 도시 안으로 편입되었다.

이들 개혁 묘지만으로는 수요를 감당할 수 없다고 판단

한 정부는 또 하나의 대규모 묘지 설립 계획을 세운다. 1853년 나폴레옹 3세에 의해 파리 지사에 임명된 오스만 남작Baron Haussmann은 여전히 중세의 모습을 간직하고 있던 파리를 근대적으로 바꾸는 대대적인 정비 작업을 실시한다. 이것이 그 유명한 오스만 계획이다.[25] 널리 알려졌다시피 이 계획을 통해 파리는 기존의 낡은 모습을 탈피하고 근대 도시로서의 모습을 갖추어 나간다. 그 내용에는 시가지 개조만이 아니라 새로운 묘지 설립 계획도 포함되어 있었다. 파리에서 북쪽으로 멀리 떨어진 메리 쉬르 우아즈Méry-sur-Oise라는 곳에 2000헥타르에 달하는 대규모 묘지를 만들라는 것이었다. 중요한 건 이곳까지 왕래를 위해 전용 철도 노선을 개설하고, 특별 열차를 배정하는 계획도 마련했다는 점이다.

한적한 교외 지역인 메리 쉬르 우아즈가 신규 묘지의 터로 선정된 데에는 저렴한 가격과 대규모 면적의 확보 가능성, 그리고 시신을 빨리 부패시키는 토질 등이 주요하게 작용했다. 대단위 묘지 설치를 통해 빈민이나 하층민에게 무상으로 묘지를 제공하려는 취지도 있었다. 무엇보다도 이 계획이 가능했던 것은 기차를 이용해 파리에서부터 직통으로 연결할 수 있었기 때문이다. 그러나 정작 파리 시민들은 매우 강하게 반대했다. 앞서의 묘지 개혁에서도 그동안 특권을 누려 온 일부 계층으로부터 불만이 표출되긴 했지만 변화의 흐름을 뒤

집을 정도는 아니었다. 그러나 이번엔 사정이 달랐다. 시민들은 계속해서 반대 시위를 벌였다. 무수한 건물을 철거하며 파리시의 모습을 바꿔 놓은 오스만조차도 결국 계획을 포기하게 만들었다. 대규모 묘지 개혁이 한창 성공적으로 이루어지던 때, 묘지는 아직 사람들에게 가까이 두고 싶은 안식처였다.

3대 묘지를 설립할 때만 해도 묘지 개혁은 도시 성곽 바깥에 새로운 묘지를 조성하는 방식이었다. 도시 바깥이라고는 하나 충분히 걸어서 갈 수 있는 거리였다. 하지만 메리 쉬르 우아즈에 계획된 묘지는 기차를 타고서만 갈 수 있는 최초의 묘지이자 도시와 융화되지 못한 최초의 고립된 묘지였다. 페르 라셰즈 묘지도 처음에는 멀리 있다는 이유로 인기가 없었다는 점을 생각하면 당시 시민들의 반대 정서가 쉽게 이해된다. 아무리 전용 열차 노선을 만든다 해도 수백, 수천 년 동안 지속되어 온 죽은 자와의 관계 방식을 쉽게 바꾸기는 어려웠을 것이다. 이 사건을 교훈 삼아 파리시는 죽은 자를 삶의 터전 가까이에 두고 언제라도 쉽게 방문하고 추모할 수 있어야 한다는 조건을 가장 우선적으로 고려하게 된다.

이처럼 파리에서의 묘지 개혁은 크게 세 단계로 정리된다. 카타콩브 설립을 가져온 절충적인 묘지 정비, 페르 라셰즈, 몽 파르나스, 몽 마르트르 묘지로 대표되는 공원식 묘지의 등장, 그리고 메리 쉬르 우아즈 묘지 계획의 철회가 보여 준 원

거리 묘지 설립의 실패이다. 이는 온건하게 시작한 개혁이 점차적으로 강해지다가 결국 시민들이 수용할 수 있는 한계를 뛰어넘으면서 계획이 중지된 과정으로 볼 수 있다. 이러한 일들을 겪으며, 파리는 근대화 이후 달라진 상황에서 도시와 묘지 사이의 적절한 거리를 새롭게 조율해 낸다.

죽음의 풍경이 사라진 도시

서울의 묘지 개혁은 일제에 의해 시작되었다. 한일 병합 이후 조선은 식민지 체제하에서 묘지 정책에 처음으로 큰 변화를 맞이했다. 효율적으로 식민지를 지배하기 위해서는 공장과 군사 시설, 광산 개발 시설 등 여러 사업이 필요했는데 그때마다 걸림돌이 된 것이 웬만한 땅을 다 차지하고 있던 묘지였다. 1912년 조선총독부는 그때껏 묘 터의 선정에 큰 영향을 끼치던 풍수사상 등의 미신을 타파하고, 묘지의 위생 관리와 주변 경관 보호 등을 취지로 한 〈묘지, 화장장, 매장 및 화장취체 규칙〉(조선총독부령 제 123호)을 발포한다. 총독부는 "타인의 토지에 매장하거나 타인의 묘지를 발굴해서 자기 묘를 쓰는 범죄가 많다는 점, 분쟁이나 소송이 끝이 없다는 점, 묘지가 산재해 풍교 및 위해가 있는 것과 경작지를 소모시킨다는 점"[26] 등을 이유로 거론했다. 이 규칙에 따라 묘지 신설은 지방 공공단체가 아니면 허가하지 않고 모두 공동묘지만을 사용하도록 했으며, 조선 시대의 화장 금지령을 폐지하고 오히려 화장을 권하기도 했다.

구 한성부 지역은 이에 따라 산재해 있던 묘지들을 서울의 동서남북 외곽에 일본인 묘지 두 군데, 조선인 묘지 네 군데로 통폐합한다.[27] 여기에는 수차례의 추가 개편이 뒤따른다. 애초에 일제가 공동묘지 계획을 세울 때 시가지 팽창이나 묘지의 수급 상황 등을 면밀하게 고려하지 못한 탓이다. 이로 인해 도시가 점점 커짐에 따라 일본인 전용 묘지였던 신당리와 아현리 묘지가 도시 계획의 장애물이 된다. 조선인 공동묘지 중에서는 상대적으로 도심 가까이 위치했던 이태원과 수철리 묘지에 이용이 집중되는 현상이 나타났다.

이러한 규칙은 조선의 장례 문화 실정에 맞지 않아 많은 반발을 불러일으켰다. 조선 사람들은 일제에 의해 조상과 가족묘를 중시하는 우리의 전통문화가 말살되고 있다고 생각했다. 총독부는 1918년과 1919년 규칙을 개정해 공동묘지 이외의 사설 묘지도 인정하고, 3000석 규모 이내의 가족 공동묘지도 설치할 수 있도록 했다. 이 제도는 선산을 소유한 사람들만 혜택을 볼 수 있었다. 이때부터 일반인들도 공동 명의로 문중 산을 구입하는 현상이 나타난다. 공동묘지는 이처럼 문중 산을 마련하지 못한 사람들이나 묻히는 곳으로 인식되면서 부정적 이미지를 갖게 된다.

정확히 바로 이 시점에서 조선 사람들의 생각을 보여 주는 소설이 있다. 염상섭의 《만세전》이다. 《만세전》은 1922년 《신생활》이란 잡지에 연재되던 소설로 본래 제목이 '묘지'였다. 이 제목은 두 가지 의미를 내포하는데, 첫 번째는 작가가 전근대적인 조선의 상황 자체를 구더기가 들끓는 묘지와 같다고 비유한 데에서 기인했다는 것이고, 두 번째는 주인공이 겪는 중심 사건이 아내의 죽음이며 바로 이와 관련해 당시 조선의 묘지 문제를 직접적으로 다루고 있다는 점이다. 배경은 만세전이라는 말 그대로 1918년 겨울, 이듬해 봄 3·1 운동이 있기 직전까지 도쿄와 부산, 김천, 서울을 중심으로 한다. 도쿄에 유학 중이던 주인공 이인화는 서울에 있는 아내가 위중하다는 전보를 받는다. 하지만 아내에 대한 걱정보다도 전보와 더불어 온 돈 100원이 더 반갑기만 한 그는 느릿느릿 온갖 여유를 부리며, 그러면서도 식민지 국민의 설움을 맛보며 무기력하고 감상적인 귀향길에 오른다. 기차가 부산을 거쳐 김천에 도착하자 마중 나온 형님의 집에 잠시 들른다. 술자리에서 담소를 나누던 중 산소 문제가 화제에 오르자 약간의 말다툼이 벌어진다.

"죽으면 묻을 데가 없을까 봐서 그러세요? 공동묘지는 고사하고 화장을 하든 수장을 하든 상관없는 일이 아닌가요? 아버

지께서는 공연히 그런 걱정을 하시지만, 이 바쁜 세상에, 그런 걱정까지 하는 것은 생각해 볼 일이지요."

나는 이렇게 핀잔을 주고 눈살을 찌푸려 보았다.

"공연히가 무에 공연히란 말이냐?" 형님은 눈을 똑바로 뜨고 나를 꾸짖고 나서, 말을 이었다.

"너두 지각이 났으면 생각을 해보렴. 총독부에서 공동묘지 제도를 설정한 것은 잘되었든 못 되었든 하는 수 없이 쫓아간다 하더라도, 대대로 내려오는 자기의 선영이 남의 손에 들어가게 되고 게다가 앞길이 멀지 않으신 늙은 부모가 계신데, 불행한 일이 있는 날에는 어떻게 한단 말이냐? 그래 아버님 어머님 산소를 공동묘지에다가 모신단 말이 될 말이냐? 자식 된 도리는 그만두고라도 남이 부끄러워서 어떡한단 말이냐. ……계수만 하더라도 만일에 불행한 경우를 당하면 어떻든 작은 산소 아래다가 써야지, 여기저기 뿔뿔이 흐트러져 있으면 그게 무슨 꼬락서니란 말이냐?"

형님은 매우 화가 난 모양이다. 그러나 내게는 도저히 알 수 없는 이야기다.[28]

　　전통적인, 혹은 전근대적인 사고방식이 확고한 형님과 그렇지 않은 주인공의 의견 대립이 분명하게 드러난다. 물론 여기서 주인공은 작가의 분신으로, 형님은 대다수 조선인이 느끼는 불만의 대변자로 봐도 될 것이다. 형님의 말처럼 당시 조선 사람들은 총독부의 공동묘지 제도를 어쩔 수 없이 따르면서도, 전통과 관습에 대한 집착을 유지하고 있었다. 하지만 일부 지식인, 특히 유학을 다녀오거나 신학문을 접한 일부 계층에게는 과거의 방식에 얽매이는 사람들이 아직 계몽되지 않은 것으로 보일 따름이었다. 이인화의 시점을 빌려 표현되는 염상섭의 생각은 소설 전체에서 묘지 문제에만 국한되지 않는다. 당시 조선 사회에 대한 전반적인 냉소, 안타까움, 경멸이 주인공의 무기력함과 더불어 표현된다. 작가는 묘지 문제를 통해 당시 조선의 상황을 빗댐과 동시에 그 현실을 가장 잘 드러낼 수 있다고 본 듯하다. 어물쩍 넘어간 형님과의 대화에서 미처 다 쏟아 내지 못한 작가의 생각은 소설 후반 서울로 향하는 기차에서 맞은편에 앉은 갓 장수와의 대화를 통해 구체적으로 드러난다.

"정말 내지(일본)에도 공동묘지가 있어요? 하지만 행세하는 사람이야 좀 다르겠죠."

"그야 좀 다르겠지요만, 어떻든지 일본에서는 화장을 흔히 지내기 때문에 타고 남은 뼈다귀만…… 아마 목구멍뼈라든가를 갖다가 묻고 목패든지 비석을 세우지요.…… 그러지 않아도, 살아 있는 사람도 더전이 좁아서 땅조각이 금조각 같은 데, 죽는 사람마다 넓은 터전을 차지하다가는 이 세상에는 무덤만 남고 말게요. 허허허."

나는 이러한 소리를 하면서 묘지를 간략하게 하여, 지면을 축소하고 남는 땅은 누구의 손으로 들어가고 마누 하는 생각을 하여 보았다.

"그러구선 자기의 부모나 처자를 죽었다구 금세루 살라야 버릴 수가 있습니까? 더구나 대대로 내려오는 자기 집 산소까지를……"

궐자는 나의 말이 옳다는 모양으로 고개를 끄덕끄덕하면서도 그래도 반대를 한다.

(…중략…)

"글쎄 그러고 보니 말이오, 가만히 생각하면 사람의 일이라는 것은 얼마나 헛된 것이오? 이 몸이 땅에 파묻히면 여러 가지 원소로 해체되어 이 우주의 공간에 떠돌아다니다가 내 자식 내 손자 증손자의 콧구멍으로도 들어가고 입구멍으로도 들어가서 살이 되고, 뼈가 되고 피가 되다가 남으면 똥이 되어서 다시 밖으로 기어나가고 하는 동안에, 이 몸은 흙이 되어서 몇백 몇 천 년 지난 뒤에는 박물관에 가서 자빠지거나 지질학자나, 골상학자나 인류학자의 손에 걸려서 이리저리 데굴데굴 굴러다니고 말 것이 아니오? 그러면서도 배에서 쪼르륵 소리가 나게 될 날이 미구불원한 것은 꿈에도 생각해보지 않고 죽

은 뒤에 파묻힐 곳부터 염려를 하고 앉았다는 것은 너무도 얼
빠진 늦둥이 수작이 아니오? 허허허."

나는 형님에게 하고 싶던 말을 아무것도 모르는 이자를 붙들
고 한참 푸념을 했다.[29]

　　주인공 이인화의 입을 빌린 작가 염상섭은 산 사람의
땅도 모자란 판에 죽고 나서 묻힐 곳부터 걱정하는 것은 얼
빠진 짓이라며 일소에 부친다. 전근대적인 묘지 문제에 대한
생각은 개화되지 못한 당시 조선 사회 전체를 향한 염오와 한
탄으로 나타난다.

　　사람들에게 총독부가 발포한 규칙은 오랫동안 지켜 온
전통문화를 흔들어 놓는 충격적 사건으로 여겨졌을 것이다.
하지만 적어도 일제의 묘지 정책은 온건했다고 볼 수 있다. 도
시민들의 생활을 고려한 측면이 분명히 보이기 때문이다. 조
선인 전용 묘지의 경우 동서남북에 각각 수철리, 신사리, 이태
원, 미아리 묘지를 배치하고, 일본인 전용 묘지의 경우엔 동쪽
에 신당리와 서쪽에 아현리 묘지를 배치하여 가능한 도심에
가깝게 하려 했다. 이 묘지들은 모두 한성부를 이어받은 경성
부 외곽에 위치하면서 도시를 둘러싼 형세를 이룬다. 당시의
서울은 지금보다 작았으니 산 자와 죽은 자의 실제 거리가 훨
씬 가깝게 느껴졌을 것이다. 하지만 해방 이후, 서울의 묘지는

《만세전》에 드러난 대립이 무색할 만큼 급격하게 변화한다.[30]

　　해방과 함께 묘지 문제는 서울시 관할로 승계된다. 이마저도 얼마 후 터진 한국 전쟁으로 완전히 방치된다. 무연고 분묘가 급증하고 불법 묘지도 엄청나게 늘어난다. 전쟁이 끝나고 어느 정도 사회가 안정된 1960년대에 들어서야 비로소 국토 개발이나 효율적 활용 등에 대한 논의가 생겼다. 묘지 문제도 함께 거론되었다. 1960년대 〈매장 등 및 묘지 등에 관한 법률〉이 몇 차례 개정을 거치면서 우리나라 묘지 관리에 큰 영향을 미쳤다. 국가는 묘지의 산재를 막고, 자유로운 처리를 위해 묘지 설치 장소에 대한 법적 규제 장치를 계속해서 마련했다. 이 와중에 묘지를 인가 없는 외진 곳, 도시 외곽에 설치하도록 유도하는 규정을 만들어 묘지를 삶의 공간과 분리했다. 이는 결정적으로 묘지에 대한 부정적 인식을 가중시키는 원인을 제공했다.[31] 묘지는 일상의 풍경으로부터 완전히 유리되었다.

　　이러한 규정은 결국 묘지와 봉안당을 도시, 마을로부터 외따로 떨어진 곳으로 몰아냈다. 묘지는 각종 산업 시설의 건립과 개발 사업에 걸림돌로 여겨져 상당수가 이전되거나 폐지되었다. 그리고 그 푸대접의 정도는 일제 치하에서보다 해방 후 주권을 회복한 상태에서 훨씬 심했다. 일제의 묘지 개혁은 많은 비판을 받기는 했지만, 형식적으로나마 묘지에 대한 전통적 태도를 인지하고 존중했다. 그들도 오랫동안 이 땅에 새겨진 산 자들과 죽은 자들의 관계를 완전히 무시하지는 못했던 것이다. 그러나 해방 이후 이뤄진 묘지 개혁은 그러한 고려가 거의 없었다. 국가 전체가 산업화를 향해 내달리고 있던 1960~1970년대 서울에서 묘지는 단지 개발의 장애물에 불과할 따름이었다. 이전할 때조차 제대로 된 절차가 지켜지지 않았다. 박태호의《서울 장묘시설 100년사》의 한 대목이다.

> 해방 후 서울시에서 행한 미아리 묘지 이장은 일제하 경성부가 이태원 묘지를 이장할 때와는 절차상의 뚜렷한 차이점을 발견할 수가 있다. 조선인 전용 이태원 묘지를 이장할 때 경성부는 일본인 경성부윤을 비롯한 다수의 관계관이 참석한 가운데 승려가 집전하는 위령제를 개장 전후에 각각 성대하게 거행한 반면, 서울시의 미아리 묘지 이장에서는 동포임에도 그와 비슷한 기록조차 발견할 수 없다. 이 한 가지 사실만으로도 공동묘지 문제를 다루는 옛 경성부와 현 서울시 당국의 인식 차이를 확연하게 보여 주고 있는 것이다. 또한 이후의 많은 묘지를 폐지, 이장하는 과정에서도 무연분묘를 정중하게 예를 갖추어 이장한 경우는 거의 없었던 것으로 보인다. 이와 같은 문화적 측면에 대한 인식 부족과 함께 정책적 부재 또한 1960~1970년대 서울시의 급격한 팽창과 개발 과정에 이르기까지 그대로 이어져 갔다.[32]

그 많던 도시 안의 묘지들은 모조리 이전되거나 통폐합되어 버렸다. 현재는 중랑구의 망우리 묘지만이 서울시에 포함된 유일한 공동묘지로 남아 있다. 이러한 급격한 묘지 이전 사업은 이문구의 장편 소설《장한몽》에 매우 사실적으로 나타나 있다.《장한몽》은 1960년대 마포와 신촌 일대에 있던 공동묘지의 무덤 약 2000기를 서울 밖으로 이전하는 공사를 중심으로, 여기에 참여한 사람들의 인생과 그 당시의 사회상을 묘사한다. 묘지가 소설의 배경으로 등장하는 매우 드문 작품인데, 전쟁 이후 작가 자신이 마포와 신촌 일대에서 오래 생활한 경험과 공동묘지 이전 공사에 직접 참여해 본 경험 등이 실감 나게 녹아 있다. 공동묘지는 당시의 주소로 신천동 산 5번지로 나오는데 현재 연희초등학교 뒤에 있는 서울외국인학교 인근으로 추정된다. 지금으로선 상상하기 힘든 장소에 상당한 수의 무덤이 있었던 셈이다. 소설 전체가 묘지 이장과 관련한 사건과 이야기로 가득하지만, 여기서는 그 이장 과정을 묘사한 한 부분을 살펴보기로 한다.

"보슈, 송장 백정이 필요 없겠나……"
마길식은 삼득이가 파 놓고 저리 물러앉은 구덩이를 가리키며 한득이란 인물의 신규 채용을 주장했었다. 구들장 같은 장석(撑石)이 제껴진 천광(穿壙) 속에는 매장된 지 사오 년쯤 된 절반밖에 부패하지 않은 시체가 누워 있었던 것이다.

"생짜가 나왔다구요. 생짜가……"

마가 강조하지 않더라도 눈에 보인 것은 유골이라기보다 시체였다. 시체와 관 사이에 포백(布帛) 넣은 횡포(橫布) 자락도 거의 제 모습을 하고 있었으며, 천금(天衾)도 성한 채로 있었다. 추깃물에 퉁퉁 불은 관 뚜껑도 아직 멀쩡했지만 삼득이의 곡괭이를 먹어 반으로 쪼개져 있었다.

"탈상도 안 한 뫼가 본데……"

성식이 몹시 송구해하는 듯한 표정에 약간의 불안을 섞으며 중얼거리자 마가는,

"지관(地官)은 아니지만, 토질 관곌 겝니다."

하고 아주 의젓한 대꾸를 하면서 그 처리 방법에 이마를 늙혔다.

(…중략…)

절반밖에 부패되지 않은 '생짜'는 앞으로도 몇 기가 더 나올는지 예측할 수 없다. 생짜는 처리하기가 여간 거북스럽지 않으므로 그때마다 우리는 골머리를 앓지 않으면 안 된다. 시신에 맞게 관을 새로 짜서 쓰는 방법이 없어 하는 말이 아니다. 새 관을 대인용으로 주문할 경우 첫째 예산에 책정돼 있지 않아 가외 지출을 면치 못한다. 가외 지출을 막지 못하면 이 공사가 '말짱 헛일'이 됨은 물론 그 책임 소재가 막연하다. 그리고 물이 질질 흐를 관은 누가 개장지까지 운구하며, 수송편

은 어떻게 하는가.

(…중략…)

"뭐가 어렵습니까? 김선생. 다 그렇게 하는 겁니다. 그렇게 하는 거라구요. 는정는정, 과 놓은 족탕 모양 흐물거리는 놈의 살, 척척 발라내버리고 뼈만 추려 담는 겁니다."

"……"

"살덩이란 게 원래 주천스런 거 아닙니까. 아까두 말씀디렸지만 화장터를 찾구 공동묘지를 찾는 거, 다 뼈만 건지자는 게거든요."

(…중략…)

"뼈를 추린대도 그럴 사람이 없잖소."

"아, 송장 백정?"

마가는 입을 바지게 만들며 반갑게 받았다.

"거 다 되게 돼 있으니까니 말씀디린 겝니다, 김선생."

유한득이란 인물이 거론된 것도 거기서 부터였다.

"개백장 십 년인데 뭔들 못하겠소."

마가는 가볍게 말했다. 인육도 얼마든지 뜯으리라는 거였다. 갈비를 제길 때 신바람을 낼지도 모른다며 제재소 가는 길에 신촌 시장에 들러 해전으로 탁방 내겠노라고도 했다. 차마 그러랄 수가…… 하고 상배는 되새겨보려 했다. 산 사람 살과 뼈를 다루는 데엔 과거의 백정 이력까지 들출 필요가 없을 것이다. 지성인임을 지처하고 미혼 여성들의 배우자 후보에서 으레 인기의 선두를 차지해 온 의사, 소문난 의사일수록 그 짓을 더 잘할 테니까. 상배는 마가의 주장이 탐탁하기만 한 것은 아니었다. 관 속의 것을 꺼내어 뜯고 발겨야 하는 마가 말마따나 '송장 백정'이란 딱지를 붙여야 한다는 것이 걸리는 점이었다.[33]

'생짜', 즉 완전히 부패하지 않은 시신 처리 문제를 놓고서 주인공 김상배를 비롯한 인부들은 곤란에 처한다. 상식적으로는 당연히 해야 할 새로운 관 준비라든가, 제대로 된 수송 절차 등은 비용 때문에 엄두도 내지 못한다. 묘지 이장을 벌인 주체는 땅 주인인 브라운이라는 이름의 외국인인데, 그는 묘지가 있던 자리에 학교를 세울 생각뿐이어서 공사 자체에는 별 관심이 없다. 공사를 맡게 된 김상배와 인부들이 어떻게든 알아서 처리해야 하는 것이다. 결국 마길식이라는 인물의 의견대로 소위 '송장 백정' 역할을 하게 할 유한득이라는 개백정을 영입하는 것으로 결론이 난다. 그리고 그들은 생짜를 처리하는 궂은일을 하면서도 무덤 속에서 나오는 부장품을 챙길 것을 잊지 않는다.

그 일이라면 상배도 한득이를 따라가지 않을 수 없었다. 혹시 관 속에서 무슨 돈 될 만한 무엇이라도 나와 저희들끼리 분배해먹고 코밑 싹 씻은 것이 아닐까 해서였다. 그것을 말리는 일

또한 여간 신경 쓰지 않으면 안 될 일이었다. 이미 몇 차례나 겪고 난 셈이지만 금니빨, 십사금이건 십팔금이건 그네들은 덮어놓고 금니를 좋아했다. 금니뿐 아니라 이따금 갈빗대와 섞여 괭이 볼에 끌려 나오는 은십자가도 두 눈을 희번뜩이며 챙겨 넣곤 했다. 은가락지 따위는 변색하고 작아 눈에 띄기도 어려우련만, 유골에서 돈 될 것을 가려내는 솜씨는 당할 사람 이 없게 유식한 눈을 그들은 가지고 있던 것이다.[34]

전쟁과 산업화를 거치면서 벌어졌던 우리네 묘지의 이 장은 이런 식으로 이루어졌다. 그 시절에 졸속으로 이루어지 지 않았던 것이 있었겠냐마는, 묘지 이장이란 것이 공사판 막 일꾼들의 손으로 썩지 않은 살을 분리하고 뼈를 추리는 것으 로 그만이었다는 것은 상당히 충격적이다. 하다못해 일제 시 대에는 거창한 위령제라도 지내고 무연고 분묘를 찾아 주려 는 노력이라도 했는데, 해방 이후 묘지 이전 공사에서는 그 런 것들도 거의 찾기 힘들었다.《만세전》의 형님이나 갓 장수 가 내보인 묘지에 대한 끈덕진 집착은 약 50년 만에 흔적도 없이 사라졌다.

이처럼 20세기 동안 서울이 겪은 묘지의 변화는 매우 급격한 것이었다. 파리의 사례가 보여 준 것처럼 일반 시민들 의 의견이 반영되고 점진적으로 이루어진 개혁과는 너무나 대조적이다. 물론 묘지 개혁이라는 것이 대체로 도시 계획가들이나 관리자들로부터 시작되므로 묘지를 대하는 시민들의 전통적 시각보다는 관리자, 권력자들의 시각이 더 우선되기 마련이다. 하지만 파리의 경우에는 기존 도시 묘지에 개입해야 할 정도를 시민들이 분명하게 제시해 도시와 묘지 사이의 관계를 명확히 규정한 반면, 서울은 혼란스러운 와중에 전혀 그럴 기회를 갖지 못했다. 해방 이후 급격한 묘지 폐지와 이전 정책은 일제 치하에서도 가까스로 유지되어 온 도시와 묘지의 연결 고리를 끊어 버렸다. 이때부터 서울은 죽음의 풍경이 사라진 도시가 된다. 파리에서 오스만 남작이 야심차게 추진했다가 중단된 대규모 교외 묘지 계획이 서울에서는 너무도 쉽게 진행되었다. 우리는 묘지와의 거리를 새로이 조율할 기회를 잃어버렸다.

파리의 묘지에는 삶과 죽음이 공존한다

19세기 초 묘지 개혁의 결과로 탄생한 페르 라셰즈는 매년 350만 명의 관광객이 방문하는 유명한 관광지이다. 1804년에 문을 연 이후 현재까지도 쓰이고 있다. 가장 많은 파리 시민이 묻혀 있고, 파리시 안에 있는 묘지 중에 면적도 가장 크다. 묘지 바깥엔 세 개의 지하철역이 있고 주거와 상업 시설을 포함한 도시 공간이 바로 이어진다. 봉안당과 화장 설비까지 갖추었지만 인근 주민들의 거부감은 없다. 역사가 오래되고 인기가 높은 만큼 신규 매장을 위한 자리는 매우 부족하다. 묻힐 수 있는 자격 요건도 까다롭고 오랫동안 기다려야 자리를 받을 수 있다. 하지만 여전히 유해가 매장되고 있다. 오랫동안 찾는 사람이 없는 무연고 분묘는 유골을 정리하여 봉안당으로 보내고 다시 신규 매장 신청을 받기 때문이다. 매장된 유해와 봉안당에 안치된 유해를 합하면 약 200만 구에 달한다고 한다.

　　이처럼 큰 묘지가 도시 가운데 있다는 것 자체가 우리 눈엔 몹시 낯설다. 한국이라 상상한다면 담장 하나를 사이에 두고 한쪽엔 아파트가, 반대편엔 유골을 산골散骨하는 무덤과 추모 정원이 있는 셈이다. 파리에서는 법적으로 명시된 주거지로부터의 최소 이격 거리 35미터만 확보한다면 묘지를 설립해도 전혀 문제 될 게 없다. 사람들도 이런 풍경을 익숙하게 받아들인다. 묘지가 공원처럼 되어 있다 보니 유족이 아닌 일반 시민들도 많이 찾아온다. 정성스레 가꾼 나무와 조경, 잔디밭뿐만 아니라 각종 조각상, 기념비처럼 만든 묘비 등이 묘지를 훌륭한 쉼터로 만든다. 파리 시민들은 타인의 죽음을 자신의 삶 속에서 거리낌 없이 받아들인다. 묘지는 휴식과 사색의 장소이자 데이트와 산책의 장소다. 일상생활의 바탕인 묘지는 죽음을 삶의 연장으로 자연스레 인식하게 해준다. 사람들은 가까운 이의 죽음을 통해 삶과 죽음에 대한 관점을 형성한다. 하지만 동시에 어느 정도 떨어진 거리에서 관조할 수 있는 타인의 죽음을 겪으면서 비로소 그 관점이 자리 잡는 바탕이 조성된다. 어쩌면 페르 라셰즈 묘지는 개인적 추모를 넘어선 죽음에 대한 일상적 통찰을 가능케 한다는 점에서 더 중요한 것인지도 모르겠다.

영화 〈로스트 인 파리〉(2016)에는 일상 속 페르 라셰즈 묘지의 모습이 차분히 드러나 있다. 파리를 다룬 수많은 영화와 소설이 있고 개중에는 묘지가 슬쩍슬쩍 배경으로 드러나는 경우도 있지만, 페르 라셰즈 묘지의 화장장 내부까지 보여주는 것은 아마도 이 영화뿐일 것이다. 배경은 현재 파리다. 캐나다에 사는 주인공 피오나가 치매에 걸린 이모를 찾기 위해 파리에 온다. 그녀는 우연히 알게 된 노숙자와 파리를 헤매며 사건을 겪어 나간다. 영화는 파리의 여러 장소를 특유의 희극적 코드를 통해 보여 준다. 묘지는 두 가지 사건의 배경으로 등장하는데, 주인공 피오나와 노숙자 돔이 피오나의 이모 마르타가 죽은 줄 알고 그녀의 장례식에 참석할 때와, 요양 보호사를 피해 도망간 마르타가 친구를 만나 무덤가 벤치에 앉아 대화를 나눌 때이다. 영화는 시종 유쾌한 음악과 함께 잔잔하게 흘러간다. 《향수》처럼 북적거리는 시장이 나오지도 않고, 《레 미제라블》처럼 위생관의 눈을 피해 시신을 바꿔치기하는 극적인 사건이 발생하지도 않는다. 이러한 일상 속 평화로운 풍경이야말로 현재 파리 묘지들이 갖는 진짜 모습이자 가치라고 할 수 있다. 산책을 하다가 조용히 담소를 나누는 곳, 오랜 친구를 만나 간식을 나눠 먹거나 벤치에 앉아 가벼운 탭댄스를 출 수도 있는 곳, 그리고 그 곁에서 죽은 이들을 기리는 추모객들이 헌화를 하는 곳. 파리의 묘지에는 삶과 죽음이 조용히 공존한다.

서울, 추방당한 죽음

해방 이후 서울의 묘지는 거의 관리되지 못하고, 사회적 혼란과 산업화로 대부분 도시 바깥으로 이전되었다. 산 사람들의 집도 마구 철거해 버리는 상황에서 묘지는 아무런 관심도 받지 못했다. 팽창하는 서울에서 금싸라기 땅들을 차지하고 있던 묘지는 개발의 압력을 버틸 수 없었다. 정신없이 앞으로만 내달리는 고도성장 중에 그 누구도 묘지가 갖는 반성적 가치를 생각하지 않았다. 그 결과 현재 서울시의 공공 장사 시설 여섯 군데는 모두 도시에서 멀찍이 떨어져 있거나 가까스로 행정 경계에 걸쳐 있는 형편이다. 파리에서 멀리 떨어진 곳에 조성된 묘지 메리 쉬르 우아즈와 같은 원거리 대규모 묘지가 기존의 도심 묘지들을 모두 대체해 버렸다.

게다가 현재 존재하는 시설들도 제대로 기능하기엔 여러모로 부족하다. 시립 묘지 다섯 군데가 모두 만장되어 이용이 불가능하고, 봉안당도 거의 가득 차 국가 유공자나 기초 생활 수급자만 이용할 수 있다. 유일하게 가능한 장사법은 잔디나 수목 아래에 화장한 유골을 묻는 자연장과 추모의 숲으로 지정된 장소에 유골을 뿌리는 산골이다. 시립 장사 시설과 함께 공적 기능을 하는 곳은 구청별로 설립한 봉안 시설이 있다. 문제는 현재 11개 구가 운영 중인 이 시설을 서울은커녕 도시 가까이에서도 찾아볼 수 없다는 점이다. 이들은 시설 조성의 어려움 때문에 충청북도나 경기도 등에 자리한다.

공설 장사 시설을 이용하고자 하는 시민은 매장이든 화장 후 봉안이나 자연장, 산골이든 서울 안에 안치될 수 있는 방법이 없다. 화장장이나마 2012년 서울 추모공원이 설립되어 시립 승화원에만 몰리던 수요를 분담하게 되었을 뿐이다.[35] 이런 상황은 파리와 비교할 때 명백히 다르다. 오스만 남작의 묘지 계획이 실패한 후, 파리시는 도시에 좀 더 근접한 묘지를 만드는 것이 중요하다는 사실을 깨달았다. 묘지들은 완전히 도시 바깥으로 내몰리지 않고 도시 안팎에 걸쳐졌다. 프랑스 혁명 이후부턴 교회 소유의 묘지가 국가로 이관되었다. 종교 기관에는 장례에 관한 권한만이 남았다. 오늘날의 묘지는 대부분 공공의 통제하에서 운용되며, 프랑스 전역에 있는 약 3만 5000개의 자치구가 각각 최소 1개 이상의 자치구 묘지를 소유하고 있다. 국가적 차원에서 국민의 묘지에 대한 권리를 보장하는 것이다. 파리에는 그 인근 지역까지 포함해 20개소, 420헥타르의 크고 작은 묘지들이 분산되어 있다.

하지만 서울 안의 묘지들은 흔적도 없이 사라졌다. 서울은 과거의 기억과 완전히 단절되었다. 파리가 반대 시위를 통해 막았던 도심 묘지들의 대규모 교외 이전을 서울은 아무런 저항 없이 진행해 버렸다. 그렇게 한번 도시 바깥으로 추방된 묘지는 혐오 시설이라는 낙인이 찍혀 다시 도시 안으로 들어오지 못하고 있다.[36] 그리고 서울 시민들은 장사 시설이 다시 도시 안으로 들어오지 못하도록 시위한다.

우리는 죽은 뒤 어디로 가는가. 교육이나 주택 문제 등 우리나라의 많은 제도와 시설이 그렇듯, 공적 차원에서 제대로 해결되지 않는 것들은 사적 차원에서 해결된다. '내 집 마련'이라는 한마디로 상징되었던 서울에서의 팍팍한 삶은 죽어서도 계속된다. 공공 임대 주택이 턱없이 부족한 상황에서 서울이 대형 건설사들의 아파트 천지가 되어 버린 것처럼, 턱없이 모자란 묘지와 봉안당은 사설 공동묘지, 사설 봉안당의 규모를 키웠다. 그리고 그 대다수가 서울을 벗어난 교외에 존재한다. 평생을 서울 시민으로 살다가도 죽고 나면 마치 유배를 떠나는 것처럼 경기도 어딘가로 보내진다. 삶만을 위한 공간이 되어 버린 서울에서 죽은 자들이 남아 있을 곳은 없다. 그나마 찾게 된 최후의 쉼터마저 아파트 관리비를 내듯 큰돈을 내지 않으면 계속 머물 수가 없다.

남양주 모란공원을 모티프로 삼은 이승우의 단편 소설 〈목련공원〉(1998)은 그러한 우리네 삶의 전형적인 모습을 담아낸다. 이야기는 주인공이 손위 동서의 장례식에 참여하기 위해 강변역에서 택시를 타고 목련공원까지 가는 동안 떠올리는 회상이 중심이다. 손위 동서는 15년 동안 여름휴가 한번 없이 악착같이 돈을 벌어 아파트 한 채를 마련했지만, 집들이를 계획한 날 암 선고를 받고 두 달 뒤 허망하게 세상을 뜬다. 별거 중인 아내에게 소식을 들은 주인공은 목련공원으로 가던 중 마침 그날이 자신의 외도 상대였던 목련공원 찻집 여주인의 결혼식이라는 사실을 퍼뜩 깨닫는다. 결혼식마저 목련공원 예식장에서 열린다는 사실에 그는 상념에 빠져든다. 그리고 언젠가 그녀와 함께 묘지 산책을 하다가 비석 위에 붙은 하얀 봉투를 발견했던 일을 떠올린다.

"저게 뭐야?" 내가 물었다.

"고지서예요." 그녀가 피식 웃으며 대꾸했다.

"고지서?"

"그래요. 죽은 사람에게 청구된 관리비죠. 죽은 사람도 세금을 내야 해요. 저 사람들은 관리비를 연체해서 독촉장을 받은 거예요."

나는 한 비석 앞에 멈춰 서서 비교적 자세하게 그 고지서를 들여다보았다. '특 3구역 2-7034'라는 글씨와 1,257,000원이라는 금액이 얼른 눈에 들어왔다.

"죽은 사람에게 저렇게 큰돈이 청구된단 말이야?" 나는 바보처럼 물었다.

"엄밀하게 말하면 죽은 사람의 자손들에게 청구된 것이긴 하지만, 죽어서도 여전히 빚 독촉을 받아야 하다니, 죽었어도 죽은 것이 아니지요."

"삶이 죽음의 발목을 붙잡고 있다고 해야 하나?"

"그 반대지요. 죽음이 삶을 먹고 있는 거예요."[37]

우리는 서울, 아니 경기도 어딘가의 공동묘지에서 서로의 발목을 붙잡고 있는, 혹은 집어삼키고 있는 삶과 죽음을 본다. 삶과 죽음이 일상 속에서 가만히 교차하는 파리, 묘지가 가벼운 춤의 무대가 되기도 하는 파리와는 전연 다른 모습이다. 죽음이 우리에게 불러일으키는 관념들이 이러하니 도시에서 죽음의 풍경을 보고 싶어 하지 않는 것이 당연하다는 생각도 든다. 어쩌면 우리가 도시에서 죽음을 추방한 것은 결국 그동안 우리의 삶이 그만큼 척박하고 힘들었기에, 죽음으로까지 그 고생을 연장시키고 싶지 않아서였는지도 모르겠다. 고난의 연속이었던 20세기 동안 우리는 당장 살아남는 것이 목표였다. 전쟁과 같은 극단의 위협에서 악착같이 분투하지 않으면 굶어 죽을 수많은 위기를 거쳐 왔다. 각자의 생존이 최우선이었고 그 외의 문제들은 일단 뒤로 미뤄졌다. 묘지와 죽음 역시 마찬가지였다. 수백 년 된 묘지를 옮겨 버린대도 모두들 못 본 척했다. 산 사람들을 위한 땅도 없는 판국에 죽은 자들을 위한 묏자리에 신경 쓸 여유는 없었다. 노동에 지친 고단한 몸을 뉘일 쪽방 하나가 더 중했고, 입에 풀칠할 일거리를 건질 수 있는 공장 하나 짓기가 더 급했다. 지겹게 보아 온 무덤과 묘비는 서울 사람들에게 그리 가치 있는 '삶의 필수품'이 아니었다. 그래야 했다. 그럴 수밖에 없었다. 그렇지만, 이제는 다시 돌아볼 때다.

다시, 죽음에게 말 걸기

지금까지 우리는 나름의 조율을 통해 묘지와 도시 간 관계를 유지해 나가는 파리에 비해 그러지 못하는 서울을 안타까워했다. 하지만 그 결론이 무작정 파리를 따르자는 것은 아니다. 지금의 서울에 페르 라셰즈와 같은 묘지를 조성하는 것이 대안은 될 수 없기 때문이다. 별 고민 없이 남의 전통을 베끼는 것은 단지 위태로움을 더하는 일일 뿐이다. 우리가 할 수 있고, 또 해야 하는 일은 현재의 상황을 곰곰이 살펴보는 일이다. 현재 서울의 삶과 죽음은 관계를 맺지 못하고 있다. 타인의 죽음과, 죽음 그 자체를 받아들이는 방식에 대한 근본적인 고민이 필요하다. 죽음에 대해 다른 시각을 제시하는 예술가와 건축가들의 새로운 방식을 참고하는 것도 좋다. 다른 나라, 다른 문화권에서 죽음을 어떻게 받아들이고 기억하는지 살펴보는 것 또한 좁은 시야를 벗어나는 데 도움이 될 수 있다. 여기에 정답은 없다. 제시하는 사례들 역시 하나의 참고 사항일 뿐이다. 하지만 이제부터 고민을 시작해야 하는 우리는 다양한 가능성을 떠올려 볼 수 있다.

먼저 죽음을 받아들이는 방식에 관해 살펴볼 수 있다. 우리는 현재의 상태가 너무 익숙해 당연하다고만 여긴다. 당연한 망각과 무관심, 무지함으로부터 나오는 뻔뻔함이 죽음의 문제 전반에 깔려 있지만, 그 가운데서도 자살에 있어 극단적으로 드러난다. 일상에서 죽음은 그렇게 친숙한 대화 소재가 아니다. 특히 자살에 관해서라면 아무도 이야기하려 들지 않는다. 일반적인 유족에게 건네는 위로의 말조차도 자살자 유가족에게는 선뜻 꺼내기 어렵다. 그러면서도 뒷말은 무성하다.

EBS에서 제작한 다큐멘터리 〈너무 이른 작별〉은 자살자 유가족 문제를 다루고 있다. 다큐멘터리에 등장한 유가족들은 누구에게도 위로받지 못하고 오랜 세월을 죄책감에 시달렸다. 주변인들은 슬픔에 잠긴 그들에게 도리어 죽음의 책임을 묻고 비난했다. "네가 잘 돌봤어야지." 책망의 말과 힐난의 눈빛이 그들을 무겁게 짓눌렀다. 그들은 혼자 방에 틀어박혀 낫지도 않는 상처가 아물기를 기다리며 세상과 단절되었다. "주변에 그렇게 많이 (자살률이) 1위라는데, 없어요. 유가족이 없어요. 그래서 나만 있는 것 같아요." 한 유가족의 말은 이들에게로 향하는 우리 사회의 차가운 시선을 대변했다.

유가족들은 미국으로 향했다. 자살자 유가족들이 참여하는 '비 더 보이스Be The Voice' 축제에 참여하기 위해서다. '비 더 보이스'는 매년 자살 예방의 날인 9월 10일 개최되는 자살 예방 캠페인의 일환으로, 자살자 유가족들이 주축이 되어 진행되는 일종의 치유의 자리이다. 이곳에 참가한 유가족들은 죽은 이들의 상실에 단지 슬퍼하지만 않는다. 자살로 잃은 가족을 추억하고 그들과 행복했던 시간에 감사한다. 기쁨의 기억들을 통해 현재의 슬픔을 넘어서려 하고, 비슷한 아픔을 간직한 사람들에게는 위로와 용기를 건넨다. 이들은 세상의 비난에 움츠러들지 않고 세상으로 나아가려 하고 있었다.

미국에도 아직 자살에 관한 편견은 많다고 한다. 그러나 미국 사람들이 이 문제에 대처하는 방법은 우리와 놀랍도록 다르다. 그들은 자살에 대해, 자살한 사람의 기억에 관해 말하라고 한다. 숨기지 말라고 한다. 그곳의 분위기는 전혀 우울하거나 슬프지 않다. 자살자의 유가족을 생존자survivor라 부르는 데에서부터 이들을 대하는 태도의 차이가 분명히 드러난다. 가까운 이의 자살은 남겨진 사람에게도 강력한 자살 충동을 일으키므로 거기에 굴복하지 않고 살아남은 자들은 재난을 이겨 낸 생존자와도 같다는 의미이다. 다큐멘터리의 주인공은 미국까지 가서야 처음으로 공적인 자리에서 자살한 남편을 떠올릴 수 있었다고 말했다.

자살뿐만이 아니다. 우리는 다른 형태의 죽음에 대해서도 그 기억을 공유하거나 소통하는 일에 몹시 서툴다. 9·11테러 후 세계무역센터 건물이 있던 자리에는 희생자들을 추모하는 기념관이 들어섰다. 하늘 높이 솟아 있던 쌍둥이 빌딩 자리에는 정반대되는 성격의 공간이 만들어졌다. 물이 아래로 흘러내리는 두 연못이다. '부재의 반추Reflecting Absence'라는 이름이 붙은 연못의 외곽에는 희생자와 순직자들의 이름이 새겨져 있다. 그리고 그 이름 사이사이에는 그들의 아픔에 공감하는 사람들이 꽂아 두고 간 꽃들로 가득하다. 뉴욕 시민들은 상처의 기억과 흔적을 지우지 않고 그대로 간직하는 데 동의

했다. 기념비라고 할 때 우리가 흔히 떠올리는 것은 거창한 탑과 동상이다. 탑과 동상은 강한 존재성을 드러낸다. 그러나 뉴욕 시민들은 잃어버린 것을 잊지 않기 위해 부재성을 택했다. 그 부재가 슬픔을 나누고 새로운 희망을 찾을 수 있도록 사람들을 묶어 주고 있다.

자살 예방 캠페인과 9·11추모 공원9·11 Memorial Park, 앞서 본 도시 속 묘지들은 사색과 추모, 반성과 성찰의 계기를 제기한다. 바로 일상 속에서 그렇다. 이웃 나라 일본도 죽은 자와 산 자들의 거리가 가까운 나라이다. 도쿄와 같은 고밀도의 대도시에도 아직 공동묘지와 봉안당이 여기저기에 있다.[38] 특히 사찰이나 신사의 봉안당이 많은데, 우리와 달리 숨기거나 꺼리지 않고 많은 사람들이 쉽게 드나들 수 있도록 신경 써서 관리하는 모습을 볼 수 있다. 뿐만 아니라 화장장이 주택가에 바로 면해 있거나 유골함을 직접 집 안에 모시는 경우도 흔하다. 이는 종교적인 차이와 더불어 자연재해를 많이 겪었던 일본인 특유의 생사관과도 밀접한 연관이 있다.

하지만 우리나라에서 희생자를 기리는 방식은 어떠한가. 도시 한복판에서 일어난 용산 참사 희생자 추모비는 그들이 잠들어 있는 경기도 남양주 모란공원에 세워졌다. 참사가 벌어졌던 바로 그 건물은 철거된 지 오래고 한동안은 주차장으로 쓰였다. 지금은 재개발 지역에 포함되어 부단히 과거의 기억을 떨쳐 버리려 애쓰고 있다. 유가족과 일부 시민들이 때때로 시위를 하고 추모의 뜻을 담은 현수막을 내걸기 위해 그 자리를 찾지만 뚜렷한 흔적을 남기기는 어렵다. 잃어버린 것을 드러냄으로써 더욱 많은 것을 얻은 9·11 추모 공원에 비해, 우리는 그 작은 흔적조차 서둘러 지워 버리려 한다.

지금껏 살펴본 사례들, 묘지를 조성하고 죽음을 기억하는 새로운 시도들은 결국 '삶과 죽음을 다시 잇기' 위한 하나의 방법이다. 지난 100년 동안 어려움 속에서 많은 것들이 사라지고 잊혀졌다. 채 신경 쓸 여유도 없었고 엉뚱한 관행과 인식이 생기기도 했다. 하지만 우리 사회도 이제 죽음과 묘지 문제를 더 이상 내팽개쳐 놓기만 할 수 없다. 언제까지나 죽음의 문제를 터부시하고 묘지를 멀리하며 망각 속에서 지낼 수만은 없다. 죽음을 진지하게 대면하고 묘지와 추모비를 삶의 곁에 되살리기 위해 노력하는 사람들보다, 이것들에 애써 눈 감으려 하는 지금 우리의 모습이 더 부자연스럽다.

우리는 지금 우리에게 맞는 새로운 소통 방식을 고민해야 한다. 파리가 도시공원을 묘지와 결합했듯, 우리는 현실의 봉안당과 소셜 네트워크 서비스를 결합하여 새로운 추모의 방식을 찾을 수도 있다. 일본의 도시들이 신사나 사찰 같은 마을의 중심에 묘지를 마련하듯, 우리는 역세권의 중심인 지하철역이나 관공서에 봉안당을 같이 두어 공공성을 높일 수도 있지 않을까. 뉴욕이 무너진 빌딩의 희생자들을 기리기 위해 도시 속에 거대한 빈 공간을 디자인했듯, 우리는 막무가내식 개발과 불타 버린 망루의 희생자들을 위해 완전히 새로운 추모비를 생각해 볼 수도 있다. 유가족들을 위로하는 '비 더 보이스' 같은 축제를 열 수도 있고, 죽음에 관한 편견에 맞서는 사회적 활동을 조직할 수도 있다. 죽음을 자연스러운 것으로 받아들이고 묘지를 반성과 성찰의 매개로 삼을 수 있는 방법이 정해져 있는 것은 아니다. 첫 장에서 인용한 릴케의 말처럼 죽음이 삶의 또 다른 측면임을 인지한다면, 우리 삶의 모습이 다양한 만큼 죽음과의 수많은 대화법을 찾을 수 있을 것이다. 그리고 묘지는 바로 그 대화를 위한 장소다. 우리가 택하는 대화 방식에 따라 묘지는 우리에게서 모습을 감출 수도, 곁에서 우리를 조용히 끌어안을 수도 있다. 당신은 과연 타인의 죽음을, 스스로의 죽음을, 그리고 죽음 자체를 어떤 자세로 대할 것인가?

근대화를 거치면서 우리는 도시와 묘지가 공존하는 풍경을 모두 잃어버렸다. 그러나 서울 도심 한복판에 남아 있는 흔적이 있다. 동작구 한강 변에 있는 서울 국립 현충원이다. 대부분의 사람들은 현충원을 묘지이기 이전에 국가 시설로 인식한다. 엄숙하고 권위적인 공간, 혹은 독재자나 친일파가 묻혀 있는 문제가 많은 공간으로 여기기도 한다. 그러나 국립묘지라는 특수성으로 생긴 불편함이 역설적으로 서울 도심 한복판에 이 같은 대규모 묘지를 남겨 놓았다. 자본과 효율의 논리조차 건드리지 못하는 성역이 됨으로써.

국가적, 정치적 측면을 잠시 접어 두고 현충원을 오로지 하나의 묘지로서 접근해 본다면 우리는 매우 낯선 경험을 할 수 있다. 서울에서는 완전히 잃어버렸다고 생각한 풍경, 일상의 삶과 죽음이 공존하는 묘지의 풍경을 다시 발견하게 된다. 특히 기념일이나 행사를 피해서, 그리고 정치적으로 민감한 전 대통령 묘지 같은 곳은 에둘러서 거닐어 보라. 조용히 참배하는 유족뿐만 아니라 묘지를 감싼 야트막한 산의 둘레 길을 따라 산책하고 약수를 길어 오며 담소를 나누는 인근 주민들을 만날 수 있다. 벚꽃이 피는 봄과 단풍이 드는 가을엔 특히 아름다운 풍경을 자랑한다. 이런 공간이 서울 안에도 남아 있다는 것부터가 우리에게는 신선한 경험이다.

나는 현충원에서 도시와 묘지의 일상적 공존을 본다. 더 정확히는 제단과 위령비가 거창하게 서 있고, 정치인들이 들락거리는 중심부가 아닌 가장자리의 둘레 길에서 삶과 죽음의 평화로운 만남을 본다. 아직 일부 사람만이 알고 있지만 현충원은 우리에게도 도시와 묘지가 공존할 수 있음을 증명한다. 그리고 그러한 풍경이 충분히 긍정적일 수 있음을 보여 준다.

현재를 사는 우리에게는 낯설게 느껴지지만 묘지는 인류 역사의 대부분에서 도시와 긴밀한 관계에 있었다. 묘지를 삶 가까이에 둔다는 것은 단지 찾아가서 추모하기 편리하다는 지리적 조건만을 의미하지 않는다. 죽은 자들과의 생전의 관계를 다른 방식으로 계속 이어 가고, 젊음과 화려함만을 추구하기 쉬운 도시 생활에서 반성과 성찰을 위한 장소를 유지하는 것을 의미한다.

무엇보다 우리가 지금 살고 있는 이 도시의 모든 장소들은 죽은 자들로부터 물려받은, 그리고 그들과 공유하던 장소다. 인류의 역사가 계속되는 한 죽은 자들과 산 자들의 관계는 계속해서 이어질 것이며, 그 핵심인 묘지의 배치 문제 역시 어떤 식으로든 계속 반복될 것이다. 그렇다면 앞으로 묘지가 어떤 모습으로 바뀌든 관련 정책이 어떤 식으로 만들어지고 사람들의 인식이 어떻게 형성되든 간에 산 자와 죽은 자의 관계를 조직하는 문제는 계속해서 중요성을 잃지 않을 것이다.

주

1 _ 김열규, 《메멘토 모리 죽음을 기억하라》, 궁리, 70-71쪽, 2001.

2 _ 이는 죽음의 공간만의 문제가 아니다. 각종 생산 공간, 쓰레기장, 하수처리시설, 산업
시설, 그리고 일부 복지 시설까지 부정적으로 인식되는 다양한 공간이 주변부로 밀려났다.

3 _ 마이크 파커 피어슨(이희준 역), 《죽음의 고고학》, 사회평론, 34쪽, 2009.

4 _ 서양 교회 건축은 두 가지 기원을 갖는데, 애초부터 무덤 자체에서 유래한 모솔리
움(mausoleum)의 중앙집중식 평면 유형과 집회 및 의례 기능에서 유래한 바실리카
(basilica)의 선형적 평면 유형이 그것이다. 신자와 순교자들의 매장은 집회 및 의례와 함
께 초기 기독교도들에게 매우 중요한 문제였다.

5 _ 마이크 파커 피어슨, 같은 책, 229쪽.

6 _ 여기에서 '깊이'라는 용어가 어느 정도 생경한 느낌이 있지만 이후 논의와의 통일성
을 위해 그대로 사용했다. 좀 더 쉬운 용어를 찾자면 심리적 거리, 주관적 거리 등이 떠오
르지만 이 말들은 또 이것들대로 오해의 소지가 있어 사용하지 않았다.

7 _ 파트리크 쥐스킨트(강명순 역), 《향수》, 열린책들, 9-11쪽, 2005. 이러한 상황은 프랑
스 파리만이 아니라 당시 유럽의 큰 도시들에서 대체로 비슷했다. 17세기 런던에는 100개
이상의 교회 묘지가 있었고, 석회를 뿌려 가며 수십 겹으로 시신을 매장했다고 한다.

8 _ 파트리크 쥐스킨트, 같은 책, 376-377쪽.

9 _ P.D.스미스(엄성수 역), 《도시의 탄생》, 옥당, 96-97쪽, 2015.

10 _ 요한 하위징아(이희승맑시아 역), 《중세의 가을》, 동서문화사, 219-220쪽, 2010.

11 _ 이런 변화는 공원의 탄생과도 관련되어 있다. 어떤 형태로든 도시 속에 항상 존재했
던 광장이나 가로(街路)에 비해 공원은 근대화와 산업 혁명이 시작되면서 본격적으로
만들어지기 시작했다. 산업화로 삭막해져 가는 도시에 녹지와 휴식의 공간을 제공하기
위해, 당시부터 등장한 노동자 계급을 달래기 위해 만들어진 공간이 공원이다. 때문에 현

112

재 우리가 공원에서 하는 대부분의 활동들이 근대화 이전에는 공동묘지에서 이루어졌다.

12_ 기류 미사오(김성기 역),《알고 보면 매혹적인 죽음의 역사》, 노블마인, 166-167쪽, 2007.

13_ 송현동,《서울 사람들의 죽음, 그리고 삶》, 서울특별시사편찬위원회, 21쪽, 2012.

14_ 문안으로 불리던 사대문 안쪽과 성곽에서 10리(약 4킬로미터)에 이르는 지역을 말한다. 동쪽으로는 중랑천, 서쪽으로는 양화진과 고양의 덕수원, 남쪽으로는 한강, 북쪽으로는 북한산까지였다.

15_ 다카무라 료헤이, 〈공동묘지를 통해서 본 식민지시대 서울〉,《서울학연구》, no.15, 133쪽, 2000.

16_ 박태호,《서울 葬墓施設 100年史》, 한국장묘문화개혁범국민협의회, 34-35쪽, 2003.

17_ 볼프강 쉬벨부쉬(박진희 역),《철도여행의 역사》, 궁리, 53쪽, 1999.

18_ 볼프강 쉬벨부쉬, 같은 책, 55-56쪽.

19_ 마르틴 하이데거(이기상·신상희·박찬국 역),《강연과 논문》, 이학사, 211-212쪽, 2008.

20_ 정원식 묘지는 1711년 영국의 건축가인 크리스토퍼 렌에 의해 처음 제안되었으나 실현되지 못하다가 1804년 파리에 페르 라셰즈 묘지가 등장하면서 최초로 만들어졌다.

21_ 빅토르 위고(정기수 역),《레 미제라블2》, 민음사, 395-400쪽, 2012.

22_ 빅토르 위고, 같은 책, 417-418쪽.

23_ 빅토르 위고, 같은 책, 415-417쪽.

24_ 작가는 소설 속에서 보지라르 묘지가 1830년이 조금 지나 폐지되고 몽 파르나스 묘지가 그 뒤를 이었다고 적고 있으나, 사실 보지라르 묘지는 완전히 사라지지 않고 현재

까지도 남아 부분적으로 쓰이고 있다.

25 _ 당시의 파리보다 근대화가 앞서 있던 런던에서 어린 시절을 보낸 나폴레옹 3세는 황제가 되자마자 파리 근대화 사업에 착수한다. 파리는 중세적 도시 구조가 지배적이었고, 미로 같이 얽혀 있는 좁은 골목길과 무질서하게 들어찬 낡은 건물들로 루브르 궁전과 같은 주요 건축물이 제 모습을 드러내지 못하고 있었다. 계획의 구체적 입안을 위임받은 오스만 남작은 기차역과 주요 광장을 연결하는 대로를 만들고 녹지를 조성하며 각종 문화 시설을 만들었다. 현재의 파리 모습은 이때의 대규모 개조를 통해 기틀을 잡은 것이다.

26 _ 송현동, 같은 책, 89-90쪽.

27 _ 구 한성부 지역은 모두 19곳의 공동묘지를 허가 받았는데, 대다수가 이미 이전부터 공동묘지로 쓰이던 곳으로 추정된다. 이후 여러 차례 행정적인 개편을 거쳐 1914년 경성부고시 제 10호로 신당리 묘지(일본인 전용, 중구 신당동 일대), 아현리 묘지(일본인 전용, 마포구 아현동 일대), 미아리 묘지(조선인 전용, 강북구 미아동 일대), 수철리 묘지(조선인 전용, 성북구 금호동 일대), 신사리 묘지(조선인 전용, 은평구 신사동 일대), 이태원 묘지(조선인 전용, 용산구 이태원동, 한남동, 보광동 일대) 등 6곳이 지정되고, 그 사용에 관한 규칙으로 경성부 조례 제15호 〈묘지 및 화장장 사용조례〉를 공포하여 운영한다.

28 _ 염상섭,《만세전: 염상섭 중편선》, 문학과지성사, 102-103쪽, 2014.

29 _ 염상섭, 같은 책, 117-119쪽.

30 _ 서울의 도시 규모가 커지면서 해방 전에도 한 번 더 대규모 묘지 개혁이 필요하다는 주장이 제기된다. 1936년 행정 구역 개편 때 크게 확장된 경성부는 한성부 시절의 성저십리 지역을 거의 포함할 뿐 아니라 현재의 영등포구, 관악구, 동작구, 양천구, 강서구, 구로구, 금천구의 일부까지를 편입해서 처음으로 한강 이남까지 확장된다. 이에 따라 관할 공동묘지는 다시 17개소로 늘어났고, 경성부에서는 이를 다시 5개소로 통폐합하려는 〈묘지통제계획〉을 수립했다. 이 계획의 수립 과정에서 일제는 근대화된 묘지를 도입하고자 했는데 "묘지는 인생 최후의 쉼터로서 시설을 정비하여 유가족은 물론 일반 사람들에게, 조상에게 경애하는 것이 인류 사회에 중요한 일"이라고 규정하며 일종의 공원식 묘지를 만들려고 한 듯하다. 그러나 이 계획은 태평양 전쟁의 발발로 시작도

하지 못한 채 중지되고 만다.

31 _ 송현동, 같은 책, 114-115쪽. 특히 1968년 개정안에는 묘지와 봉안당의 설치를 금하는 지역을 분명히 했는데, 그 내용이 다음과 같다. 국민 보건상 위해를 끼칠 우려가 있는 지역, 국방부 장관이 군작전상 필요하다고 인정한 지역, 도시계획법 규정에 의한 주거·상업·공업·혼합 지역, 녹지 지역 안의 풍치 지구와 상수 보호 구역, 도로법에 의하여 지정·고시된 도로 구역, 접도 구역 및 고속 교통 구역, 하천법에 의해 결정·고시된 하천 구역, 농경지 조성법에 의해 결정·고시된 개간 예정지, 산림법에 의해 지정된 보존 국유림, 보안림 및 채종림, 사방사업법에 의해 지정된 사방지 등이다.

32 _ 박태호, 같은 책, 53쪽.

33 _ 이문구, 《장한몽》, 랜덤하우스코리아, 64-68쪽, 2004.

34 _ 이문구, 같은 책, 69쪽.

35 _ 이 시설들 외에도 서울시 안에 있는 장사 관련 시설로 동작구의 국립 서울 현충원이 있다. 그러나 이는 일반적인 공동묘지가 아닐뿐더러 특수성이 강해 이 글의 고려 대상에서 제외했다. 현충원 또한 매장은 만장되었고, 봉안 공간 역시 거의 가득 차서 대부분의 묘가 국립 대전 현충원에 안장된다.

36 _ 가장 최근에 서울시에서 설립한 서초구 원지동의 서울 추모공원의 경우, 1998년에 후보지 실사가 시작되고 2001년에 부지를 선정했지만 지역 주민들의 건립 반대 소송으로 6년간 법적 분쟁을 겪었다. 양재 IC보다도 외곽에 위치하여 서울 끄트머리에 있는데다 청계산 자락에 파묻혀 거의 보이지 않는 위치임에도 불구하고, 주민들의 극심한 반대 여론을 달래느라 건물을 거의 땅에 묻다시피 한 설계안으로 지어졌다고 한다. 소송 등 주민들과의 갈등으로 건물 준공은 2011년 12월에나 이루어졌다.

37 _ 이승우, 《목련공원》, 문이당, 39-40쪽, 1998.

38 _ 이들은 무연, 무취 장비의 도입으로 전혀 공해가 없으며 시민들도 큰 거부감 없이 이를 받아들이고 있다고 한다.

죽거나 죽이거나, 타살이든 자살이든 죽는 사람이 넘쳐난다. 어제도 드라마에서 한 인물이 교통사고로 죽었다. 코미디 영화에서조차 칼부림과 살인이 빠지지 않는다. 어떤 예능 프로그램은 아예 세트장을 장례식장으로 만들어 우스꽝스러운 장면을 연출한다. 급기야 20년 전 죽은 가수를 불러내 뉴스와 다큐멘터리, 영화에 등장시킨다.

가짜 죽음이 빈번한 시대에 도시인들은 관람자 모드를 취한다. 극 중 인물의 죽음이 전개상 타당한지 논쟁하고, 너무 쉽게 죽거나 도무지 죽지 않는다고 비판한다. 유명인의 죽음은 마치 가상의 죽음처럼 취급된다. 죽음에 이르기까지의 과정에 나름의 해석을 붙이고 어디선가 들은 억측을 보탠다. 그러나 정작 실제 죽음 앞에서는 모두 입을 다문다.

수많은 유사 죽음을 경험했지만 현실의 죽음은 낯설기만 하다. 사흘 동안 황망히 조문객을 맞고 장례 절차를 따르느라 나를 돌아볼 여유는 없다. 발인을 끝낸 후에야 비로소 죽음을 대면하지만 반추의 기회는 좀처럼 주어지지 않는다. 떠나간 이의 빈자리는 큰데, 다시 마주한 일상은 처리해야 할 일들로 가득하다. '그래도 산 사람은 살아야지'라는 오래된 위로 앞에서 죽음에 대한 성찰은 완전히 실종된다. 도시는 생기를 잃지 말라고, 앞만 보며 나아가라고 등을 떠민다. 제대로 헤아려 보지 않은 죽음은 덮어놓고 외면하다 뜻하지 않은 순간에 기어이 곪아 터진다.

죽음을 배격하는 서울과 달리 파리는 죽음을 포용한다. 파리 시민들은 도심 한복판의 공동묘지를 즐겨 찾는다. 그리고 이곳에서 영구한 두 번째 장례 의식을 치른다. 애도와 기쁨이 공존하는 의식이다. 파리의 묘지는 쉼터이자 산책로, 데이트와 만남의 장소가 된다. 다양한 삶의 풍경이 망자의 바로 곁에서 펼쳐진다. 일상적 공간을 넘어 반성과 성찰의 공간이 되기도 한다. 떠나간 이의 묘에 꽃 한 송이를 내려놓는 사람, 연인과 간식을 나눠 먹는 사람, 가볍게 탭댄스를 추는 사람, 무덤가에 앉아 생각에 잠기는 사람. 아마도 이들은 오랜 시간에 걸쳐 가까운 이의 죽음과 언젠가 도래할 자신의 죽음, 나아가 죽음 그 자체의 의미를 생각하고 삶을 돌아보고 있으리라. 죽음을 기피하거나 혐오하지 않고 죽음을 기억하는 삶이라면 지금 이 순간에 충실할 수밖에 없다.

우리의 묘지를 떠올려 본다. 1년에 두어 번, 큰일이 있을 때나 몇 시간 넘게 달려 묘지를 방문한다. 그러고도 머무는 시간은 30분이 채 되지 않는다. 우뚝 솟은 봉분 앞에 덩그러니 놓인 소주 한 병이 어딘지 애처롭다. 죽음을 먼 곳에 두고 외면하려 애쓰는 우리의 모습인지도 모른다.

김세리 에디터